ファーストコールカンパニーシリーズ

ザ・ビジネスモデルイノベーション

成功企業にみる事業革新の流儀

村上幸一 著
タナベ経営 ビジネスモデルイノベーションコンサルティングチームリーダー
＋
タナベ経営 ビジネスモデルイノベーションコンサルティングチーム 編

The Business Model Innovation

ダイヤモンド社

知性の悲観主義、意思の楽観主義——アントニオ・グラムシ

はじめに

さまざまな業種がある中で、最も収益性が低いのは卸売業です。国内市場の縮小が進む近年は、ブランドを持つメーカーと、合従連衡により規模が拡大していく大手小売に挟まれ、その傾向が顕著になってきています。しかし、その中でも規模の大小にかかわらず、高収益を得ている卸売企業がさまざまな分野で存在しています。

このような状況において、タナベ経営ではクライアント企業に、全国の優秀な企業からビジネスモデルを学んでいただくため、二〇一四年二月に「卸流通ビジネスモデル革新研究会」を立ち上げました。高収益を得ている卸流通企業の経営者・経営幹部の方々に出講いただくだけでなく、実際にその企業のオフィスや店舗、物流施設などへ足を運び、臨場感の伴った学びを得るという研究会です。卓越したビジネスモデルを体感して学ぶことができるため、参加企業の方々にも好評で、常に満員御礼の研究会となっています。

私自身のコンサルティングモデル、およびこの研究会で訪問した数多くの企業の実例から見えてきた真実が、「ノーボーダー」と「イノベーション」でした。皮肉なことに高収益を上げている卸売企業のほとんどが、卸売業の境界（ボーダー）を超えてビジネスを展開していることが明らかになったのです。例えば、自社ブランドを創り、メーカー機能を持って川上に進出している企業、逆に小売店舗の展開やＷｅｂ通販サイトの開設で直接消費者に販売し、川下へ進出している企業などです。コストの低い新興国に自社工場を持つケースもあれば、自社は企画開発に集中し、製造を技術の高い国内メーカーに委託するケースもあります。

卸売企業だけでなく、メーカーも小売も同様の展開を見せています。つまり、業種や業界というくくりがなくなりつつある現在、境界にとらわれた思考では市場で戦っていけないということであり、その未知の領域に挑戦するイノベーションが必須な時代が今、到来しているということです。なお本書では、自ら意思を持って業種・業界の境界を乗り越えることを「クロスボーダー」、技術革新などにより境界が自然消失することを「ボーダーレス」と定義し、これらを総称して「ノーボーダー」と呼んでいます。

本書では、こうしたノーボーダー時代という状況を踏まえてビジネスモデルに着目し、全6章構成で解説を行っています。

まず第1章で、現在の日本が直面する経済状況や市場動向、消費者のトレンドについて概要を解説し、その中で企業が推進している戦略や改革などに触れ、ノーボーダー時代の全体像を明らかにします。第2章では、ビジネスモデルの定義や概念、構成などを述べ、イノベーションのために必要なファクターやアプローチについて実例を交えながら詳述しています。そして第3章はマスターピース・セレクションと題し、優秀なビジネスモデルを構築して高い付加価値を提供する事例を記載しています。「それぞれのビジネスモデルの概要と理論」「一般的によく知られている企業事例」「本書で詳しく解説する優良企業の事例」という三部構成とし、読者の方々にご理解いただきやすい流れを意識しました。第4章では、組織風土に焦点を当てています。「敵は自分自身の中にあり」という格言通り、ビジネスモデルイノベーションを起こすための最大のネックは既存の組織です。組織風土の構成、それを変革するためのアプローチやノウハウについて詳述しています。続く第5章は、組織風土イノベーションを成功させた優良モデル企業を紹介するマスターピース・セレクションです。各企業がビジネスモデルイノベーションを成功に導いたプロセスも学んでいただけます。そして、最終章である第6章では、本書を総括する形でイノベーションの学び方や着眼などをまとめ、イノベーター企業が実践してきた成果のエッセンスを抽出し、成功原則として提言しています。

本書が、イノベーションによる成長を志す企業の一助になれば幸いです。

二〇一七年一一月

タナベ経営 ビジネスモデルイノベーションコンサルティングチームリーダー　村上幸一

ザ・ビジネスモデルイノベーション◎目次

第3章 ビジネスモデルイノベーション——マスターピース・セレクション …57

第6章 ビジネスモデルイノベーションへの挑戦 …233

第1章

異次元競争の勃発

――NoBorder（ノーボーダー）

1　逆風の中で考える未来予想図

私は経営コンサルタントとして、多種多様な企業・業界の調査・分析、戦略立案を行う。その中で、論理的にも感覚的にも、日本企業がマーケットで対峙する強い逆風を常に感じている。また、その風は一方向からだけでなく、四方八方から吹いており、年々激しさを増している。

コンサルティングにおいて最初に取り組まなければならないことは、クライアント企業の現状認識である。現状認識における調査の視点や切り口はさまざまで、クライアント企業の属する市場規模や業界特性、競合他社や顧客の動向などから、その企業独自のビジネスモデルやサプライチェーン、マネジメントシステム、組織・人材など多岐にわたる。大まかにいうと前者が「外部環境」であり、後者が「内部環境」である。そして外部環境におけるポジティブ要素を「機会」、ネガティブ要素を「脅威」と呼び、内部環境におけるポジティブ要素は「強み」、ネガティブ要素を「弱み」と呼ぶ。

これらをマトリクス状に組み合わせたフレームワークが、伝統的かつ有名なＳＷＯＴ分析である（**【図表１‐１】**）。この四象限で分類していくと、企業の現状が明確になる。

厳格に外部環境分析を実施していくと、「機会」の少なさに対して「脅威」が圧倒的に多くなるケースがほとんどである（もちろん、一つの事象をどの側面から捉えるかによって変化する）。例えば、クライアント企業のワークチームやグループディスカッションにおいて、経営者・経営

図表1-1　SWOT分析

	ポジティブ要素	ネガティブ要素
外部環境（市場規模や業界特性、競合企業や顧客の動向など）	機会（Opportunities）	脅威（Threats）
内部環境（ビジネスモデルやサプライチェーン、マネジメントシステム、組織・人材など）	強み（Strengths）	弱み（Weaknesses）

幹部が意見を出し合っているのを見ていると、脅威については明確、スピーディーかつスムーズにたくさん出てくるのに対し、機会は曖昧であり、しかもじっくりと考えてやっと出てくる。

企業が目的地に向かって航海する際の追い風を「機会」だとすれば、逆風・向かい風となるのが「脅威」である。では、今、どのような逆風が企業に向かって強烈に吹き付けているのか。まずはマクロな視点から捉えていこう。

(1) 都市が毎年消滅する規模の人口減少

日本経済に大きな負のインパクトを与えるのが人口減少だ。この問題は数値で具体的に捉えると、まさに脅威である。日本は二〇一六年現在、年間の死亡数が一二九・六万人であるのに対し、出生数は九八・一万人。差し引きすると三一・五万人の人口が減少（自然減）したことになる。一〇年連続の自然減で、減少幅が年々拡大している。

しかも進行が急ピッチだ。一九九六年では出生数一二〇・七万人、死亡数八九・六万人で、三一・一万人の自然増だった。そこからわずか二〇年の間で逆になったわけである。約三〇万人という人口規模は、東京二三区なら豊島区、全国では四日市市、盛岡市、久留米市など中核都市の人口に相当する。一年間でこれらの都市が一つ消滅したと考えれば、脅威以外のなにものでもない。さらにこの減少数が年々拡大していくことも予想されている。

人口減少は国内需要の減少と直結する。車に乗る人、家に住む人、食事をする人、買い物をする人が少なくなる。喫緊の課題となっている「人手不足」問題も、より深刻化していく。

(2) モノに囲まれ、満たされた成熟社会

日本は「成熟社会」だといわれる。経済が高度に発展し、社会制度の整備も進み、多くの国民が衣食住に事欠かず、物質的に満たされている。貧しさゆえに餓死する人、寒さで凍え死ぬ人はほぼいない。多くの国民が貧困にあえぐＬＤＣ（後発開発途上国）が国連加盟国の四分の一を占めていることを考えれば、これは極めて恵まれた状況である。

ただ、企業経営の視点で考えると素直には喜びにくい。人々は物質的に不足感がなく、満たされているからだ。欲しいという感情が薄く、モノに対しても淡泊である。工場が知恵を絞ってモノをつくり、小売店が一生懸命に宣伝しても売上げが伸びない。つまりモノ余りなのであ

る。以前の日本はモノ不足社会であり、企業はモノを市場に出せば売れた。しかし今はぜいたくをいわなければ、生活必需品から衣服、家電、ＩＴ機器まで安価に手に入る。

(3) 国家財政破綻リスクという心理的負担

二〇一六年一二月末時点の〝国の借金〟残高（国債、借入金、政府短期証券の合計額、財務省調べ）は一〇六六兆円と過去最大を更新した。これは日本の名目国内総生産（二〇一六年＝五三六・八兆円）の約二倍で、国民一人当たりに単純換算すると約八四〇万円になる。これが国民にネガティブな心理的インパクトを与えている。

「経済は理論ではなく感情で動く」といわれる。増大する医療費、年金問題、過大な国債、そして〝財政破綻〟――。こうしたキーワードがマスメディアで頻繁に報じられると、老後のために節約して貯蓄に励まなければ、と思うのが一般的な消費者心理だろう。多くの人がお金を使わず貯蓄ばかりしていると、当然ながら経済は停滞する一方である。

消費者の数が減り、残った人も将来のため貯蓄に励む。すると企業の業績は伸びず、従業員の収入も伸びない。また消費は縮小し、税収も下がる。政府は国債発行を増やし、さらに財政が悪化。先行き不安から消費者心理が……と負のスパイラルに落ち込んでいく。

日本企業はこれらの逆風が吹きすさぶ状況の中で、未来の予想図を描かなくてはならない。おそらくこの危機感は多くの経営者、ビジネスパーソンが共有していると思う。

2 需要創造なき市場のクロスボーダー戦略

このような外部環境の現実を直視すれば、既存の事業・戦略・やり方で企業が業績を上げ、成長し続けることは極めて困難である。だが、企業は宿命として売上げを上げ、収益を確保し、株主や従業員、地域社会などステークホルダーにその成果を還元しなければならない。

この状況下で最もオーソドックスな戦略は、クロスボーダー（越境）である。つまり、今までの自社におけるビジネス領域から境界を越えて、新たな市場に攻めていくことだ。ただし、一言で「境界を越える」といっても方法はさまざまである。

ここでは、この後のストーリー展開を踏まえ、大きく「地理的」「業界」「業種間」におけるクロスボーダー戦略を説明する。

(1) 地理的クロスボーダー戦略

クロスボーダー戦略の中で最も伝統的で分かりやすいのが、地理的クロスボーダー戦略だ。これは自社が主要マーケットとしている地域を越えて、首都圏や都市部、隣接地域などに進出することである。企業は一般的に、このクロスボーダーによって、特定の地域から都道府県内、全国、さらには海外というように、既存事業の展開エリアを拡大して成長する。限られた特定の市場へ経営資源を重点的に集中投下すれば、成功確率が高まる上に効率もよい。しかし、市場が縮む日本の場合、特定の地域から出ずに同じ事業を続けていると、企業の成長はあり得ない。

地理的クロスボーダー戦略の代表例が大手家電量販店だ。業界トップのヤマダ電機は群馬県で創業した会社である。同じ北関東には、栃木県発祥のコジマ、茨城県発祥のケーズデンキがあり、それぞれ越境して成長を遂げ、全国で激しい競争を繰り広げた（「YKK戦争」）。

この地理的クロスボーダー戦略は、国内だけでなくグローバル規模でも展開される。二〇一五年六月、アパレル企業の三陽商会が人気ブランド『バーバリー』のライセンス契約を終了した。一九六五年にバーバリーコートを輸入販売して以来、約半世紀にわたって日本で同ブランドを育て上げたのは三陽商会であり、同社にとっても最重要ブランドであった。ところが英バーバリーのグローバル戦略の中でライセンス契約が打ち切られ、屋台骨ともいえるブランドを失った三陽商会は赤字に転落した。

翌二〇一六年八月には、山崎製パンの子会社である菓子メーカー・ヤマザキナビスコ（現ヤマザキビスケット）が、『ナビスコ』ブランドのライセンス契約を終了した。ブランドを保有するモンデリーズ・インターナショナルと山崎製パンの提携（一九七〇年）も半世紀近い歴史があり、三陽商会がバーバリーを根付かせたのと同様に、『オレオ』や『リッツ』などの商品を日本に浸透させた。もっともヤマザキナビスコの稼ぎ頭は自社製品の『チップスター』だったが、それでも契約終了が発表された直後（同年二月）、親会社の山崎製パンの株価は急落した。

三陽商会も山崎製パンも、約半世紀にわたる蜜月のパートナーシップが、グローバル企業の地理的クロスボーダー戦略の転換で解消されてしまったというわけだ。

(2) 業界クロスボーダー戦略

業界クロスボーダーとは、企業が属している既存業界（金融、外食など）の枠を超えて、新たに事業を展開していく戦略である。広義の意味では多角化戦略に分類される。これを理解するのに最もなじみ深い例は、日本の大手家電メーカーだろう。

例えば、パワーメガホンやテープレコーダーからスタートしたソニーは、トランジスタラジオやテレビ、ビデオレコーダーとＡＶ機器を中心に製品領域を拡大してきた。その流れの中で、ハード機器だけではなくソフト分野にも事業領域を拡大すべく、ＣＢＳレコード（現ソニー・ミュージックエンタテインメント）とコロンビア・ピクチャーズ・エンタテインメント（現ソニー・ピクチャーズエンタテインメント）を買収。そして、これらエンターテインメント事業の中でゲーム機器（『プレイステーション』）およびゲームソフトでトップシェアを獲得。その他、パソコン、携帯電話、スマートフォン、半導体、金融など事業領域は多岐にわたる。

(3) 業種間クロスボーダー戦略

業種間クロスボーダーとは、自社の現在の業種（銀行、牛丼店など）を超えて異なる業種へ進出することだ。これも広義の意味での多角化戦略であり、垂直統合型と呼ばれる。例えば、食品卸会社が食品製造事業に進出する場合は川上統合、消費者に直接販売する小売店を展開する場合は川下統合となる。業界クロスボーダーも業種間クロスボーダーも、基本的には主力事業の周辺に拡大していく。

住宅業界でいえば、住友林業は木材を住宅メーカーや工務店に販売していた主力事業から、自社で直接消費者に住宅を販売する事業に進出した川下統合型の事例である。また米アパレル企業のＧＡＰが築いたＳＰＡ（製造小売業）は、川上から川下までの完全垂直統合モデルだ。『ＺＡＲＡ《ザラ》』（インディテックス＝スペイン）、『Ｈ＆Ｍ』（ヘネス・アンド・モーリッツ＝スウェーデン）、『ＵＮＩＱＬＯ《ユニクロ》』（ファーストリテイリング）などが著名である。

また、小売業者はメーカーのＮＢ（ナショナルブランド）商品では利幅が薄いため、自社ブランドのＰＢ（プライベートブランド）商品に力を入れている。ＮＢメーカーにＰＢ製造を依頼するケースもあるが、定番の人気商品をコストの低い別のメーカーに発注するケースも多い。これも一種の業種間クロスボーダーといえるだろう。消費財に限らず、生産財を扱う業界でも、需要の縮小を受けて一次卸が二次卸や三次卸などを飛び越して取引するケースも出てきており、さまざまな業界において川上や川下への垂直化が進められている。

3 技術革新がもたらすボーダーレスマーケット

経済の話題でよく登場するキーワードの一つに「グローバル化」がある。「グローバル社会」「グローバル人材」などともいわれる。とはいえ、企業が国際的視野に立脚して戦略を立て、ビジネスを展開していかなければならないことは、はるか昔からいわれている極めて常識的な話である。ただ、以前はグローバル化ではなく、「国際（インターナショナル）化」といわれていた。

混同されがちだが、グローバルとインターナショナルは違う。インターナショナルはinter（間の）と、national（国家の）が連結した単語であり、「国家間」という意味合いになる。それに対し、グローバルは「地球、世界」の意味を持つglobeからきている。つまり国境のない「one world」（世界は一つ）というニュアンスだ。インターネットや自由貿易の発展で国境という壁がなくなり、企業も個人も一つの同じ土俵で戦わなければならないということである。法律や商慣習、通貨、言語の違いや保護貿易主義の台頭などもあるが、以前より世界が近くなっているのは確かだ。

今や技術革新は、ビジネス上の国境を越えるグローバル化のスピードよりもはるかに速く、業界や業種の境界を消失させている。クロスボーダー戦略は、企業が自らの意思でその境界を越えていくのに対し、技術革新はその境界自体、さらには事業そのものをなくしてしまう。

(1) 音楽メディア

技術革新によって業界が消えた最も分かりやすい事例が、音楽メディアだろう。かつて音楽を聴くための音源（記録媒体）といえば、レコードかカセットテープだけだった。それが技術革新で音のデジタル化が可能となり、電機メーカーが開発したＣＤが普及し、レコードの時代は終わった。次に、パソコンが普及した。音楽ＣＤをパソコンに取り込み、ＣＤ-Ｒ／ＲＷへコピーする人が増え、カセットテープの時代も終わった。そして現在、インターネットの進展でオンデマンド型の音楽配信が可能となり、そもそもＣＤというモノ自体が不要になりつつある。この時流の中でＣＤショップは苦戦を強いられ、店舗数が激減中だ。

レコードとカセットテープはデジタル信号処理技術、ＣＤはネットによって事業の境界を消失させられた。どんなに素晴らしいレコード針や、優れた音質のテープレコーダーを製造する技術を持っていたとしても、または他店を圧倒する品ぞろえのＣＤショップを展開しても、技術革新が起きると市場にその需要は生まれず、たちまち事業の存続は困難を極める。

(2) カメラとフィルム

カメラとフィルムも似たような流れをたどっている。カメラにとって最初の衝撃的な技術革新は、カメラとフィルムが一体化した使い切りカメラの登場だ。それまでカメラとフィルムは別個のモノで、二つを購入して初めて製品としての機能を発揮した。そのためカメラメーカーとフィルムメーカーは良きパートナーだったが、フィルムメーカーが使い切りカメラを開発し、カメラメーカーからすればパートナーがいきなり強力なライバルになった。その後、音楽メディアと同様にデジタル化の波が押し寄せ、銀塩カメラがデジタルカメラに取って代わられた。

そして最も大きな変化は、記録媒体がフィルムから、メモリーカードになったことだ。フィルムはレコード針と同じ状況に追い込まれ、今度はフィルムメーカーが窮地に立たされた。またカメラ本体は光学機器から光学電子機器となり、「カメラ」という製品境界が消失し、カメラメーカーは既存のライバル企業に加え、その後参入してくる電機メーカーとも市場を争わなければならなくなった。さらに技術革新によって携帯電話にカメラが搭載され、カメラの競合相手は携帯電話になった。その携帯電話もフィーチャーフォン（通称ガラケー）からスマートフォン（スマホ）に変わった。スマホは利便性に優れ、撮影した写真をその場ですぐにシェア（共有）したいという新たな価値観にもフィットし、急速に普及が進んでいる。

(3) 電気自動車、レーシック（視力矯正手術）、AI（人工知能）など

その他にも、既存業界の境界がなくなっていく分野は多い。電気自動車が普及すれば、自動車を構成している既存部品の多くは不要になり、産業ピラミッドの裾野が広い自動車関連の会社の事業は消失危機に陥るだろう。また、電気自動車の特性上、自動車と電子・電機製品の境

界も消失し、ディーラーではなく家電量販店で自動車が販売されるという未来もあり得る（実際、一部のホームセンターでは店内で新車販売を始めている）。

また医療分野では、視力矯正手術のレーシックの安全性がさらに高まり、保険が適用されれば、眼鏡もコンタクトレンズも不要になるかもしれない。さらにＡＩ（人工知能）によって近い将来、現在の多くの仕事がなくなるとの予測も出されている。

新技術が業界・業種や製品の境界をなくし、ボーダーレス化するのは消費者のニーズに適しているからであり、既存の事業や製品が消失するのは消費者にとって価値がなくなっているからだ。このボーダーレス化現象は決して他人事ではない。

4　異次元競争を勝ち抜くビジネスモデルイノベーション

これまで見てきた通り、人口減少、成熟化社会、国家財政の悪化、消費者心理の閉塞化という逆風の中では、楽観的な未来予想図を描きにくい。また、消費の主人公である顧客は、モノと情報とサービスで満たされており、価値に対して非常に感度が高くなっている。すべての企業はこうした状況を受け、既存事業で戦い続けることに危機感を抱き、存続と成長を求めて商圏や業界、業種を超えるクロスボーダー戦略を実行していくことだろう。

他方、それとは別に、まったく違う世界で起こった技術革新がさまざまに形を変え、既存の製品や事業の枠を破壊し、市場はさらにボーダーレス化していく。まさにノーボーダー時代の異次元競争が始まっている。

例えば、今や売り場でほとんど見かけなくなった写真フィルム。前述した技術革新により、「フォーチュン500」（米ビジネス誌『フォーチュン』が発表する全米企業番付）にも名を連ねた名門企業のイーストマン・コダック（現コダック）が二〇一二年にチャプター・イレブン（連邦破産法第十一章）を申請し、倒産した（その後再建して再上場）。コダックは世界のカメラ・フィルムメーカーが憧れ、追い掛けた模範企業だといっても過言ではない。それほどの企業でも技術革新のボーダーレス化の中で倒産に追い込まれた。

コダック倒産の報道が流れたとき、〝巨星墜つ〟というインパクトを全世界に与えたが、日本人が受けたインパクトはまた違うものだった。それは、同じ事業を展開し、社名にもフィルムを掲げる富士フイルムが成長を続けていたからである。コダック倒産との対比でそれが際立つものとなった。

富士フイルムの場合、事業転換を推進した結果、今では事業領域がデジタルカメラから液晶用フィルム、医薬・化粧品、複写機、半導体露光用材料まで多岐にわたる。写真フィルムで培った技術を用い、高機能素材と生産・加工技術を組み合わせることにより、イノベーションを生み出している。これが富士フイルムの真の強みである。同社にとって、まったくの異業界参入となる化粧品『アスタリフト』も、フィルムの主成分であるコラーゲンに着目し、フィルム製造技術によって高純度のコラーゲンをつくり出し展開した。

技術革新によって業界・業種、あるいは世界のボーダーレス化が進行している。ここで重要な点は、新技術の開発者や技術のイノベーターが、事業において必ずしも成功の果実を手にするとは限らない点だ。古い話になるが、〝発明王〟トーマス・エジソンは、白熱電球を開発したことで世に知られる。しかし正確にいえば、彼は電球を「発明」した人ではない。電球を発明し特許を取った人物は、ジョゼフ・スワンという英国の化学者である。エジソンは電球を改良し、普及させた人物なのである。ところが一般的には「電球を発明した人＝エジソン」とされ、ジョゼフ・スワンの名はほとんど知られていない。

エジソンがスワンの電球より実用的な製品を完成させた当時（一八七九年）、夜を照らす明かりといえばガス灯か灯油ランプ、ろうそくだった。いくら画期的な電球があっても、それを光らせる電気を送るインフラはなかった。そこでエジソンはＪＰモルガンやメロン財閥から巨額の資金援助を受け、エジソン・ゼネラル・エレクトリック（現ＧＥ）を立ち上げ、発電から送電まで電力のインフラを整備した。つまり、電球という発明品を核とした電力のビジネスモデルを開発して、米国の電力事業を独占し、莫大な収益を得たのである。

エジソンとスワンのように、イノベーター（革新者）とインベンター（発明者）は必ずしも一致しない。例えば、イノベーターと聞いて、最初に頭に浮かぶのはアップル創業者のスティーブ・ジョブズである。彼は、パソコンキット『ＡｐｐｌｅⅠ（アップル・ワン）』からスタートし、『マッキントッシュ』や『ｉＭａｃ』『ｉＰｏｄ』『ｉＰｈｏｎｅ』『ｉＰａｄ』と革新的な製品をリリースしてきた。もちろん、ヒットしなかった製品も多くあるが、常にイノベーションに挑んできた歴史と実績がある。
それゆえジョブズはイノベーターの代名詞のようなカリスマ的存在となっているが、これらの製品に用いられている最先端の技術の多くは、彼自身が発明したわけではない。また、アップルが独自で開発したわけでもない。オハイオ州立大学のオーデッド・シェンカー教授は、アップルを「アセンブリー・イミテーションの達人」と呼んでいる。[*1] 世の中にすでにある技術をうまく組み合わせて、革新的な製品としてリリースする達人ということである。
アップルがＭａｃ（マック）に採用したグラフィカル・ユーザー・インターフェイス（ＧＵＩ）、マウス、イーサネットなどを開発したのはゼロックスのパロアルト研究所であり、ジョブズ自身、「ゼロックスはコンピュータ産業最大の成功から『失敗』だけをもぎ取った。同社は今日の産業を牛耳ることだってできたはずだ。現在の一〇倍の規模、いわば九〇年代のＩＢＭのような存在にもなれただろう。さらには、マイクロソフトのようになれるチャンスだってあったのだ！」と言っている。[*2]
優れた製品と評され、熱烈なファンが多いアップル製のパソコンは、デファクトスタンダード（事実上の標準）を確立した〝ウィンテル〟（マイクロソフトのウィンドウズとインテルのＣＰＵ）連合にビジネスモデルで敗れた。その半面、『ｉＴｕｎｅｓ』という音楽配信プラットフォームを整備したビジネスモデルを背景にリリースしたｉＰｏｄは瞬く間に携帯音楽プレーヤー市場を席巻し、iPhoneでその地位を不動のものとしている。

それまでの携帯音楽プレーヤーのトップブランドは、ソニーの『ウォークマン』だった。ソニーはウォークマンがあり、傘下にはソニー・ミュージックエンタテインメントという音楽会社もあり、『bitmusic』（現Mora／モーラ）という音楽配信サイトも立ち上げていた。にもかかわらず、ソニーはアップルの後塵を拝している。

すなわち、技術や製品の優劣ではなく、最も早く発明したかどうかでもなく、ビジネスモデルの優劣こそが企業の盛衰を決めるのである。ノーボーダーの異次元競争時代、勝ち抜く決め手はビジネスモデルにあるのだ。

第2章

「ビジネスモデル」と「イノベーション」

1 ビジネスモデルと戦略のシンプルな違い

現在、ビジネスモデルという言葉は一般的になり、それに関する書籍も世界中でたくさん出版されている。経営の世界において、戦略の定義や理論が多く存在しているのと同じように、ビジネスモデルという言葉の定義や解釈も多く存在する。

戦略論は一般的に、利潤を最大化できる市場とポジションを核とする「ポジショニング・ビュー派」と、組織の持つ能力を前提とする「ケイパビリティー派」で語られることが多い。一橋大学副学長の沼上幹《つよし》教授は、それ以外にアンゾフに代表される「戦略計画派」、ミンツバーグに代表される「創発戦略派」、ブランデンバーガーとネイルバフに代表される「ゲーム論的アプローチ」など五つに分類している。[*3]

戦略の定義を考える上で、戦略論の祖ともいえるアンゾフの有名な成長戦略マトリクスを例に挙げる。実務家やコンサルタントが活用する戦略フレームワークの中でも、最も伝統的であり、非常に優れたもので「アンゾフ・マトリクス」とも呼ばれる（**【図表2-1】**）。

企業が成長のベクトルを考える際、縦軸に市場（オリジナルは「ミッション」）、横軸に製品を置き、さらにそれを既存と新規の視点で分類し、二×二＝四つのフレームを構成したマトリクスで、それぞれのフレームごとに戦略を描く。

図表2-1 アンゾフ・マトリクス

市場の分野＼製品の分野	既存製品	新規製品
既存市場	① 市場浸透	③ 製品開発
新規市場	② 市場開拓	④ 多角化

①既存市場×既存製品＝市場浸透戦略
②新規市場×既存製品＝市場開拓戦略
③既存市場×新規製品＝製品開発戦略
④新規市場×新規製品＝多角化戦略

このマトリクスはシンプルに、「誰に」「何を」提供するかを考えるものとなっている。先述のポジショニング・ビュー派やケイパビリティー派も根本は同じである。つまり戦略とは、「誰（市場・顧客）に」「何（製品・サービス）を」提供するかを策定することだ。二〇世紀最高の経営者として名高いGEの元CEO（最高経営責任者）ジャック・ウェルチは、市場で一番か二番のポジションを取れる事業のみに集中し、それ以外の事業からすべて撤退する決断をした。まさに戦略である。ちなみにウェルチはGEの創業者エジソンから数えて九代目のCEOだ。

伝統的戦略論の観点でいえば、「どのように」は戦略を推進するための戦術であり、トップ・マネジメント（経営者・経営幹部）が決める戦略ではなく、ミドル・マネジメント（中間管理職）の仕事となる。昔のようにトップが「誰に」「何を」という戦略を策定しているだけでは、異次元競争に勝ち残ることはできない。特に、近年は経営に関する理論やノウハウなど戦略に関する知識を、書籍やインターネット検索で容易に入手可能である。さまざまなフレームワークを活用し、誰もが論理的に戦略を策定できる時代だ。つまり同じ業界で同じ状況に身を置き、同じ分析データを用いて論理的に考えれば、誰もが同じ答え（戦略）に行き着く。そして数少ない有望市場に、さまざまな地域、業界、業種からクロスボーディングしてくる。

そこで「どのように」が重要となる。戦略が同じなら、どのようにという戦術と、それを完遂する現場の戦闘力が勝敗を決める。つまりミドル・マネジメントが担っていた戦術まで包括し、「誰に」「何を」「どのように」提供し、「どのように儲けるのか」まで一貫した仕組みでトップ・マネジメントが担う。これが戦略とビジネスモデルのシンプルかつ核心的な違いである。

トップ・マネジメントが戦略目標と数値目標だけを決め、ミドル・マネジメントや現場に「どのように」を考えさせる〝よきにはからえ〟スタイルでは、ビジネスモデルの確立・革新はおぼつかない。精神論で終わってしまう可能性さえある。一般的に、現場の戦術力・戦闘力が強い企業は、少しくらい戦略が甘くとも実績を出すことができる。逆に優れた戦略を生み出す企業は、その戦略の正確さと精緻さで成果を上げ、現場の戦術力・戦闘力が弱まる傾向にある。

「誰に」「何を」は外部から分かりやすい。その企業がどのような市場・顧客に、どんな性能の製品・サービスを提供しているかは外部から見える。それに対し、「どのように」という部分は、製品やサービスを生み出し、提供するまでの内部プロセスであるため外部から見えない。「誰に」「何を」は他社でも容易に模倣できるが、「どのように」は見えないため簡単に模倣できず、ブラックボックス化した真の強みとして差別化が可能になる。

同業他社の成功例を模倣して失敗するケースは多いが、いずれも見えている部分のみを導入し、模倣した部分が全体の中でどのように機能しているのかを理解していないためだ。

米航空業界でＬＣＣ（格安航空会社）ビジネスの手本とされるのがサウスウエスト航空である。ユナイテッド航空は、競合するサウスウエストを模倣しようとして、価格の引き下げや航空便の増便、カジュアルな服装などを取り入れたが、ほとんど改善効果はなかったとされている。[*2]

似た例は自動車業界でも見られる。かつてフォードがトヨタ生産方式を取り入れようとしたことがある。「必要なときに、必要なものが、必要なだけある」というＪＩＴ（ジャスト・イン・タイム）を運用すべく、機械設備やコンピューター・ソフトウエアに莫大な投資をした。だが、系列企業システムや「自働化」への理解が不足していたため、成果は上がらなかった。

戦略や戦術の一部は見えるが、ビジネスモデルのプロセスの大部分は組織の中で潜在化して見えないため、模倣できない。ビジネスモデル自体が差別化の主要因となっているのだ。

2 イノベーションの考え方

イノベーションという言葉は広く一般的に用いられ、日本語では「革新」「刷新」などと訳されている。イノベーションの最初の提唱者は、経済学者のヨーゼフ・シュンペーターである。彼は「新結合」という言葉を用い、新しいものを開発、生産するだけでなく、既存のものを新しいやり方で生産する、またはヒト・モノ・カネなどの経営資源を新しく組み合わせる、これが新結合すなわちイノベーションであると提唱した。

イノベーションは既存の延長線上の連続的な変化から生まれるものではなく、「非連続的な変化」であり、「創造的破壊」になると言った。シュンペーターが挙げた分かりやすい事例が、鉄道だ。「郵便馬車をいくらつなぎ合わせても郵便鉄道にはならない」と述べている。実際、鉄道の実用化に成功したのは、馬車の事業主ではなく、土木技術技師だった。これによって馬車は不要となった。まさに創造的破壊だ。iPhoneは新結合の事例であり、非連続的な変化を生み出し、さまざまな製品や業界に創造的破壊をもたらした。スティーブ・ジョブズがイノベーターの代名詞のようにいわれるのは、ここにある。

シュンペーターは、新結合という概念に次の五つの具体例を挙げている。

①新しい製品の開発

②新しい生産方法の開発
③新しい市場の開拓
④原材料の新しい供給源の獲得
⑤新しい組織の実現

つまりイノベーションは、技術や製品に限らず、すべての企業が取り組むべき重要なテーマであると示唆している。さらに他業界では既知のものであっても、自業界で未知のものであれば、イノベーションとして重要だとも述べている。シュンペーターがこの概念を提唱した『経済発展の理論』を刊行したのは一九一二年、彼が二九歳の時だ。天才といわれるゆえんだろう。

二〇世紀最大の経営思想家ピーター・ドラッカーは、著書[*4]の中で次のように断言している。

「企業の目的は顧客の創造である。したがって、企業には二つの、そして二つだけの基本的な機能を持つ。それがマーケティングとイノベーションである。マーケティングとイノベーションだけが成果をもたらす」

ドラッカーらしい大胆な本質論なので、ご存じの方も多いだろう。マーケティングだけでは企業は成功しないとし、第二の機能としてイノベーションを強調している。イノベーションとは発明のことではなく、技術のみのコンセプトでもないとし、次のような事例を紹介している。

「既存製品の新しい用途を見つけることもイノベーションである。イヌイットに対して凍結防止のためとして冷蔵庫を売ることは、新しい工程の開発や新しい発明に劣らないイノベーションである。それは新しい市場を開拓することである。凍結防止用という新しい製品を創造することである。技術的には既存の製品があるだけだが、経済的には、イノベーションが行われている」

そしてイノベーションとは、科学や技術そのものではなく価値であり、その尺度は外の世界への影響だとしている。ちなみにドラッカーは、もう一つの重要な機能であるマーケティングについてこう語っている。[*5]

「販売とマーケティングは逆である。同じ意味でないことはもちろん、補い合う部分さえない。もちろんなんらかの販売は必要である。だがマーケティングの理想は、販売を不要にすることである」

これらの考え方には共通点が多く、イノベーションの本質と価値がエッセンスとして詰まっている。

企業は外部環境に適合し、自らを変化させなければならない。企業も生物も変わりゆく環境に適合するものだけが生き残ることができる。進化の反対語は退化だが、本質的な反対語は「無変化」だろう。目がほとんど機能しない深海魚や飛べない鳥は、生存環境と適合するためにその機能を変化させ、絶滅することなく繁殖している。つまり、退化も進化の側面を持ち、変化しているということだ。企業にしても、環境に適合すべく特定の機能を強化することもあれば、中核ではない機能は切り離したりアウトソーシングしたりする。時代が目まぐるしく変化していく中、自社が変化しない（無変化）ということが最大のリスクである。

「最も強い者が生き残るのではなく、最も賢い者が生き残るのでもない、生き残るのは変化する者だけである」というダーウィンの有名な言葉がある。そして今日、その変化はイノベーションへの挑戦でなければならない。

3 ビジネスモデルのコンポジションとコンポーネント

ビジネスモデルが「誰に」「何を」「どのように」提供することであり、イノベーションが技術開発や発明ではなく提供する価値そのものであるということを考え合わせると、この三つのファクターのいずれを変えてもイノベーションになるということだ。ビジネスモデルのベースとなる収益モデルにしても、この三つを変えればおのずと変化していく（【図表2-2】）。

図表2-2　ビジネスモデルの構成式

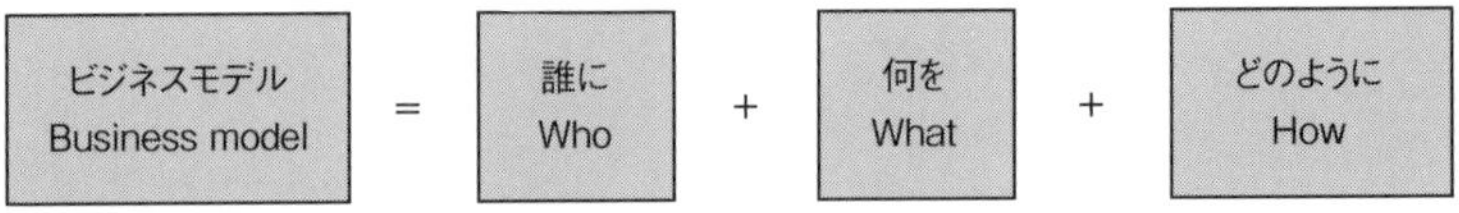

また、ビジネスモデルを構築する上で大切なことは、企業理念・経営理念とのブレがなく、整合していることであり、企業がその使命を果たすためのシステムであるということだ。これを三つのファクターの前提を成す「基礎ファクター」と呼ぶ。これらを含めたものを統合して、「ビジネスモデル・コンポジション」が完成する。

このコンポジションとは、「構成（物）、組成（物）、複合（物）、構図」を意味する単語であり、コンポーネント（部品、要素）によって成立している。技術や製品、インターネットや物流、パートナー企業などのコンポーネントの組み合わせによって、ビジネスモデルというコンポジションが成り立っている。各コンポーネントの特徴や強み、それぞれの組み合わせが、ビジネスモデル構築の妙となる（**【図表2-3】**、**【図表2-4】**）。

まず基礎ファクターとしてのミッション（企業使命、経営理念）が前提としてあり、それを遂行する手段としてビジネスモデルが存在する。それにより提供されるものが「本質的価値」である。これは商品・サービスではなく、ビジネスモデル自体が生み出す価値である。そしてそのビジネスモデルは、コア、キー、サブという各要素（コンポーネ

図表2-3　ビジネスモデル・コンポジションの概念図

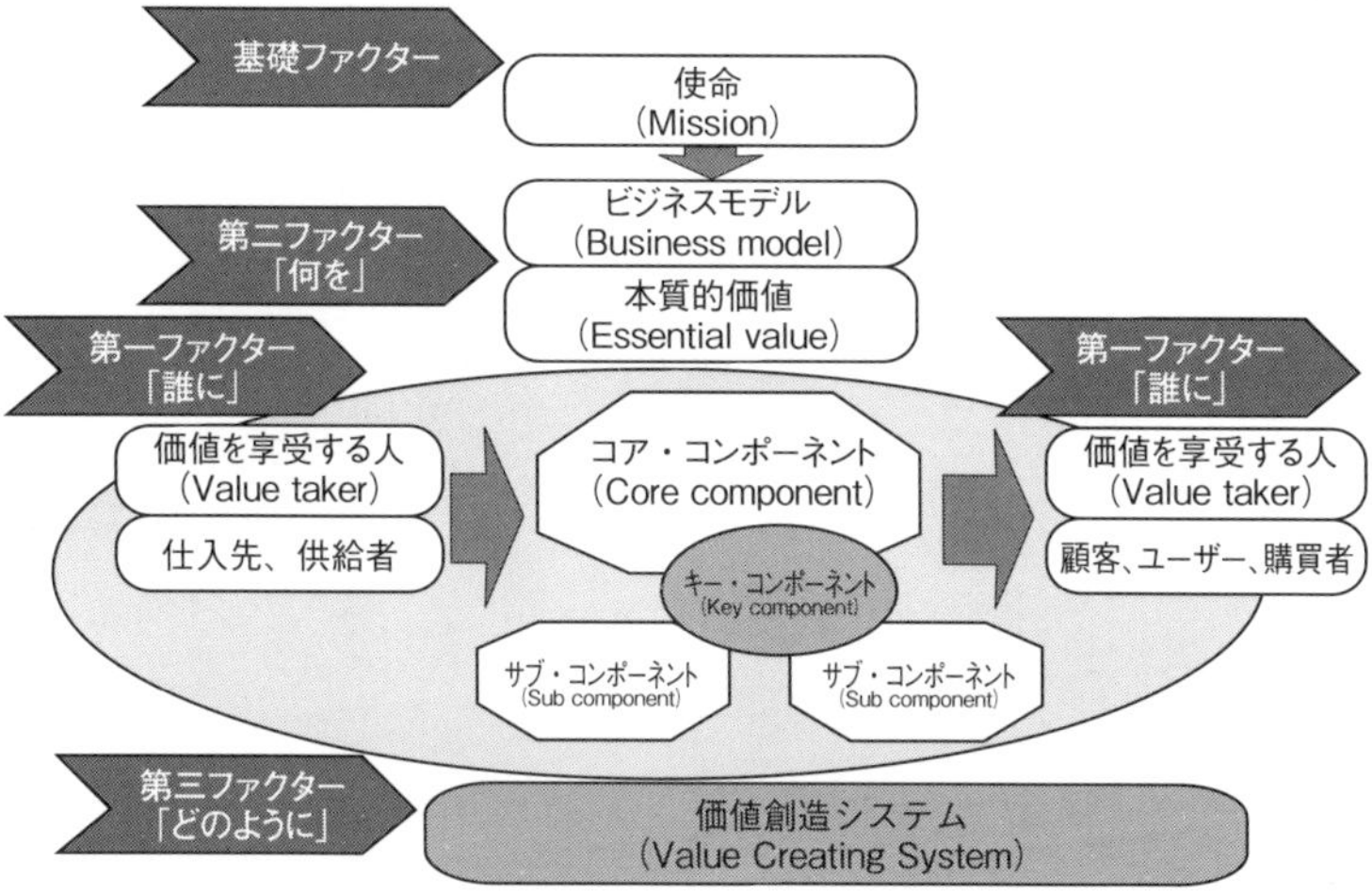

図表2-4　ビジネスモデル・コンポジションの構成

<table>
<tr><th colspan="3">ビジネスモデル・コンポジション</th><th>概念・内容</th></tr>
<tr><td>基礎ファクター</td><td colspan="2">使命（Mission）</td><td>企業の存在価値。社会的使命と役割</td></tr>
<tr><td colspan="3">ビジネスモデル
（Business model）</td><td>ビジネスモデルの名称、
ミッションを遂行するために構築されるモデル</td></tr>
<tr><td>第二ファクター「何を」</td><td colspan="2">本質的価値
（Essential value）</td><td>そのビジネスモデルが提供する本質的価値</td></tr>
<tr><td rowspan="3">第三ファクター「どのように」</td><td rowspan="3">価値創造システム（Value Creating System）</td><td>コア・コンポーネント
（Core component）</td><td>本質的価値を構成する上で
必要不可欠の中核要素</td></tr>
<tr><td>キー・コンポーネント
（Key component）</td><td>コアを強化またはサブ・コンポーネントと連結する要素（見えにくい）</td></tr>
<tr><td>サブ・コンポーネント
（Sub component）</td><td>一般的に強みとして挙げられる要素（見えやすい）</td></tr>
<tr><td>第一ファクター「誰に」</td><td colspan="2">価値を享受する人
（Value taker）</td><td>提供価値を享受する組織・特定の顧客</td></tr>
</table>

ント）によって構成され、この組み合わせを「価値創造システム」と呼ぶ。価値を創り出す仕組みである。

その中で、コア・コンポーネントはそのビジネスモデルを推進する上で必要不可欠の中核部分となる。これなくしてはビジネスモデルが成り立たないという要素である。キー・コンポーネントは、コアの強化あるいは他のコンポーネントとの結合や相乗効果の発揮などの機能を持つ部分であり、目に見えにくい隠し味的な役割を担う。そして、サブ・コンポーネントは、それ以外のさまざまな機能や役割を持つ部分であり、コア・キーと連結し合うものである。

これらのシステムによって提供される価値に対価を支払い、その価値を享受する人々がバリュー・テイカーとなる。これは、商品やサービスがもたらす価値や機能だけでなく、このビジネスモデルから生み出される本質的価値を高く評価してくれる人々である。自社にそれらを供給してくれる仕入れ先やパートナー企業は、バリュー・テイカーとなるケースもあれば、価値創造システムのコンポーネントとなるケースもある。

このコンポジションは、ビジネスモデルの三つのファクターと次のように直結している。

第一ファクター「誰に」↓バリュー・テイカー（価値を享受する人）

第二ファクター「何を」↓本質的価値

第三ファクター「どのように」↓価値創造システム

このビジネスモデル・コンポジションを用いて、一般的に分かりやすい事例企業としてコン

図表2-5　セブン‐イレブン・ジャパンのビジネスモデル・コンポジション

ビジネスモデル・コンポジション			概念・内容
基礎ファクター	使命（Mission）		「便利な存在」「生活サービスの拠点」「便利の創造」「共存共栄」
ビジネスモデル（Business model）			エリアドミナントモデル
第二ファクター「何を」	本質的価値（Essential value）		コンビニエントライフ
第三ファクター「どのように」	価値創造システム（Value Creating System）	コア・コンポーネント（Core component）	フランチャイズ方式による多店舗展開
		キー・コンポーネント（Key component）	圧倒的な1店舗当たりの売上高
		サブ・コンポーネント（Sub component）	商品開発、マーケティング、物流など
第一ファクター「誰に」	価値を享受する人（Value taker）		近隣の住民、近くで手軽に買い物を済ませたい人

ビニエンスストア大手のセブン‐イレブン・ジャパンを分析してみよう（**【図表２‐５】**）。

同社の企業理念「お客様へ向けてのメッセージ」には、「いつでも、いつの時代も、あらゆるお客様にとって『便利な存在』であり続けたい。私たちは、地域との信頼関係を築き、価値ある商品やサービスの提供を通じて、皆さまの『生活サービスの拠点』となるよう力を注いでいます。セブン‐イレブンは、これからも過去の発想にとらわれることなく、時代の変化に柔軟に対応し『便利の創造』に努めてまいります」と記載されている（同社ホームページより）。

コンビニエンスストアの〝コンビニエンス〟とは「便利な、利便性の高い」という意味の英語であり、理念は業態名と一致している。この便利を成立させるビジネスモデルが、エリアドミナントモデルである。特定の地域に高密度で多店舗展開することにより、地域住民にとってのアクセスの良さを高め、ブランド認知度も向上させる。また、商品物流の効率性も高くなる。

そして、このビジネスモデルが提供する本質的価値は「コンビニエントライフ」、買い物に困らない便利で快適な生活である。では、これを提供するための価値創造システムはどのようなコンポーネントによって構成されているのか。まずコアは「フランチャイズ（ＦＣ）方式による多店舗展開」である。ＦＣ方式を採用することで、その地域の土地のオーナーや商店主などが地元でコンビニをオープンする。それにより多店舗展開のスピードアップだけでなく、理念に掲げる地域との共存共栄も実現できる。

このコアを強化するキー・コンポーネントは、一店舗当たりの「圧倒的な売上高」だ。同業他社と比べて圧倒的な店舗売上高は、フランチャイジー（加盟店）の店舗オーナーの収入に反映され、加盟する際の好判断材料となる。ＦＣ方式は、どれだけ多くのフランチャイジーが集まるかが事業拡大・収益拡大の最重要ポイントであり、他社を圧倒する店舗売上高を実現することによって強化・推進されていく。

この店舗売上げをつくり上げているサブ・コンポーネントがセブン‐イレブンの独創的な商品開発であり、マーケティングであり、物流などである。これらが一体となって顧客への価値創造システムをつくり上げている。そして、この本質的価値（コンビニエントライフ）を享受しているバリュー・テイカーが地域住民だ。コンビニに置いてある商品は基本的に定価販売であり、近所の食品スーパーマーケットで同じ商品が半値で売られていることも珍しくない。それを知りつつも消費者がコンビニへ行くのは、その名の通り「便利」だからだ。店はコンパクトでちょっとした買い物のために歩き回る必要もなく、レジでは電子レンジで弁当や総菜を温めてくれる。

セブン‐イレブンに限らず、「コンビニ」というビジネスモデルは地理・業界・業種のすべてをクロスボーディングしている、創造的破壊を地でいく事例だ。地理という点では大手コンビニは全国展開しており、大手同士のシェア争いが繰り広げられている。必要なものを幅広く取り扱っているため、総合スーパーから個人商店まであらゆる店と競合するが、スーパーの年間売上高が伸び悩む中、コンビニは逆に伸び続け、二〇一五年には初めて一〇兆円を突破した。

コンビニといえば、近年は積極的にクロスボーダー戦略を進めている。例えば、二〇一三年にコンビニコーヒーが大ヒットした。挽きたてでおいしい上に安価なため、ファストフード店やカフェ店だけでなく、自店に並ぶ飲料メーカーの缶コーヒーまで競争に巻き込んでいる。続いて各社が投入したコンビニドーナツは、ドーナツ業界のガリバー、ミスタードーナツの既存市場を徐々に奪った。その影響から、ミスタードーナツは国内売上高が二年連続で二桁減を余儀なくされている（二〇一五年度／前期比一〇・三％減、一六年度／同一〇・六％減）。

これらＰＢの開発推進は川上へのクロスボーダーでもあり、仕入れ先であるメーカーのＮＢと同じ棚の中で競争をしている。

(1) 基礎ファクター「使命」：理念が示す企業の存在価値

「レゾンデートル」という哲学用語がある。自分自身が信じている存在理由・存在価値を意味する。人は、なぜ自分がこの世に生まれたのか、いかなる理由で存在しているのかを模索する。それは自分の意思で誕生していないからだろう。だが、企業は創業者という人間の意思によって誕生する。企業には必ず明確な存在の理由、レゾンデートルがある。

その最も有名な事例は、ソニーの共同創業者・井深大氏が書いた「東京通信工業株式会社設立趣意書」だろう。東京通信工業はソニーの前身会社である。創業に至る背景から会社設立の目的、経営方針などが丁寧かつ力強く書かれている。この目的のために約二〇人の技術者たちが集い、事業を興し、今日のソニーの礎を築いた。

創業時の目的が、「生活するため」「お金を稼ぐため」という実質的・経済的なものであった企業は多い。井深氏のように最初から崇高な目的を書面に残すケースはまれだ。いずれにせよ、数人規模の創業時は簡単に意思疎通も図れるが、会社が成長し人数が多くなれば、そこにはその分だけの価値判断基準が生まれることになる。その時に統一した価値判断基準となるのが、創業の理念や使命である。したがって明文化される理念には、企業として社会的に果たすべき使命が書かれているべきであり、それがレゾンデートルとなる。

既存事業を進めるだけ、その延長線上の事業を展開するだけなら、同じ価値観を継続させることは難しくないかもしれない。しかし、外部環境の変化が急激で、予測のつかないノーボーダーの時代だからこそ、企業は従来と異なる道を模索する。その道標となるものこそが創業の原点、創業者の思いである。そして、それを明文化したものが理念・使命だ。不確定要素ばかりの時代だからこそ、迷いが生じた時は自社の理念や使命に立ち返り、価値判断基準を求める必要がある。経営トップに迷いがなくても、今までと異なる道を行こうとすると、多種多様な感情を持つ人間で構成される組織という生き物は、時に迷い、惑う。何のために会社が存在し、何のために事業を行っているのかを全員に伝え、同じ思いを共有しなければならない。

ヒューレット・パッカードの元CEOジョン・ヤングは次のように述べている。「当社の基本原則は、創業者が打ち立てたときから変わっていない。基本的価値観と実践は区別して考えている。基本的価値観は変わらないが、実践は変わるかもしれない」*6。米国カリフォルニア州パロアルトのガレージで創業し、今日のシリコンバレーの原点といわれるサクセスストーリーを築いたウィリアム・ヒューレットとデビッド・パッカードの理念・価値観が継承されているのだ。

「不易流行」という言葉がある。これは江戸時代の俳人・松尾芭蕉が提唱したコンセプトだ。『ブリタニカ国際大百科事典』（ブリタニカ・ジャパン）によると、「一般には句の姿の問題として解され、趣向、表現に新奇な点がなく新古を超越した落ち着きのあるものが不易、そのときどきの風尚に従って斬新さを発揮したものが流行と説かれる。しかしまた、俳諧は新しみをもって生命とするから、常にその新しみを求めて変化を重ねていく流行性こそ俳諧の不易の本質であり、不易は俳諧の実現すべき価値の永遠性、流行はその実践における不断の変貌を意味するとも説かれる」とある。この後半部分の「俳諧」を〝企業〟と読み替えれば体に浸透するように理解できる。すなわち、「不易は企業の実現すべき価値の永遠性、流行はその実践における不断の変貌を意味する」となる。不易は変わらざる普遍的なもの、流行は時代環境によって変化させていくべきものという意味において、ビジネスモデル・コンポジションの中の理念こそ不易であり、それ以外は流行としてイノベーションしなければならない、ということだ。

普遍的価値や社会的使命を表す理念として、収益増大や市場シェア獲得などはあり得ない。それらは必要だが、あくまでも手段であって目的とはなり得ない。人間のレゾンデートルとしてお金を稼ぐことなどあり得ないのと同じだ。人は一生懸命に働くが、それは自分の人生を豊かにするため、家族を幸せにするためにお金が必要だから稼ぐのであって、それ自体が目的であるはずがない。企業も同じだ。理念に掲げる使命を果たすには、設備投資も、従業員への適切な分配も必要だから、収益を向上させてキャッシュも増大させなければならない。前出のジョン・ヤングは次のように言葉を続けている。「また、利益は確かに重要だが、そのためにヒューレット・パッカードが存在しているのではない。もっと根本的な理由のためである」

ビジネスモデル構築の基礎ファクターとして理念・使命が前提条件になり、何よりも優先されるということだ。

(2) 第一ファクター「誰に」：逆風の中に見いだす希望

現在の日本市場は逆風が強く吹く厳しい状況にあり、明るい未来予想図は描きにくい。だが、トップが悲観的に暗い予想図を描いていては何も始まらない。逆風の中に希望を見いだし、光が差す進むべき道を示さなければならない。

実際、需要が縮んでいる市場、下降トレンドの業界でも、伸びている分野・企業はある。ターゲット顧客の選定や発掘は、マーケティングの基礎であるセグメンテーションによる。マーケット・セグメンテーションとは、市場を人口動態や所得層、年齢層などさまざまな視点で切り分け、細分化することだ。しかし一般的なセグメンテーションでは、競合企業と同じ土俵で顧客を奪い合うだけになってしまう。それを踏まえた上で、ビジネスモデル・コンポジションでバリュー・テイカーを発掘し、新たな市場を開拓する三つのアプローチについて説明する。

①社会的現象のミルフィーユ・アプローチ

ミルフィーユとは、パイ生地を複数枚重ね、間にクリームを挟み込んだ洋菓子の名前だ。大きな社会的現象や経済情勢だけでは見いだせないニーズを、ミルフィーユのように一枚ずつ重ねていくことによって発見していく。分かりやすい事例が「待機児童問題」だろう。女性の社会進出や「保育園落ちた、日本死ね」のブログ文がネット上で拡散し、一気に日本中に知られるようになった。ちなみに第二次ベビーブーム世代の筆者が通っていた中学校は、一学年一六クラスもあるマンモス校だったが、保育所が足りないという話は当時聞いたことがない。単純に考えると、少子化が進んでいるのに、なぜ保育所が足りないのかと疑問に思える現象だ。

しかし、これをミルフィーユのように重ねて見ていくと、現状が浮かんでくる。「少子化」という最初の層に、「都市への人口集中」「近くに子どもを見てくれる親族がいない核家族化」、そして「夫の年収の伸び悩みや女性自身のキャリア形成のための共働き」、そして「保育所は自治体や社会福祉法人の運営で、企業の参入が認められていなかった」などというさまざまな現象を重ねていくと、保育所不足にたどり着く。このニーズをいち早く察知し、今のように社会問題になる前から保育所事業に参入していた企業は急成長を続け、スピード上場も果たしている。

また、少子化でターゲットの母数は減っているのに、学習塾・予備校の市場は近年、増加傾向にあるといわれる。これも「ひとりっ子世帯の増加」「シックスポケッツ（子ども一人に対し両親と双方の祖父母を合わせた六つの財布があること）」「学歴偏重社会」「ゆとり教育の反動」などの層を重ね、透かして見てみると、ニーズが浮き彫りになってくる。

②ゼロベース・アプローチ

ゼロ視点とは、もともとターゲットではなく、興味も持っていないような顧客層に焦点を当て、欲求喚起によりゼロ（0）からイチ（1）にしていく潜在ニーズの発掘だ。すでにセグメントされた市場や顧客に対しては、限られたパイの取り合いにしかならないが、ゼロベースからスタートすれば、明るい未来予想を付加できる。

例えば、旅行業界は過当競争とIT化によって、大きな外部環境の変化にさらされ続けてきた業界である。ターゲットは社員旅行や修学旅行、視察旅行などの「団体向け旅行」と、「個人向けパッケージ旅行」に大別されるが、いずれも競合他社との価格競争が避けられない。観光する場所や宿泊施設、飛行機などを含め、すべてどこでも予約可能であり、差別化はできないためだ。さらにはIT化によって、楽天トラベルやじゃらん、一休ドットコムなど異業界からの新規参入も相次ぎ、航空会社はユーザビリティーが高い直販のWeb予約システムを整えている。そのため格安ツアーの旅行会社が破綻している。その中で、阪急交通社はいち早く団体旅行から個人旅行にシフトし、『トラピックス』のブランド名で、他社とは一線を画するポジションを築き上げている。トラピックスのターゲットとして、旅行好きな人はもちろんのこと、旅行に特に興味がない、出かけるのがおっくうだという人も含んでいる。新聞広告に大きく出る格安ツアー代金、世界中の観光地の魅力が美しく掲載された旅行カタログなどが、もともとニーズのない人たちの欲求を喚起していく。

これまでは特にゲームなどすることがなかった人たちも、今はスマホの無料ゲームを楽しんでいるし、社会現象となった「ポケモンGO」などは老若男女が楽しんでいる。有名なスポットである東京のお台場などでは、初老の夫婦がスマホを片手に一緒にポケモンを探している姿をよく見かける。女性専用フィットネスで人気のカーブスは、ジムに通うことをためらっている女性の潜在的なニーズを、「女性のみ」「三〇分」「お手軽」というキーワードで喚起し、好評を得ている。

眼鏡小売チェーン大手のＺｏｆｆやＪＩＮＳが発売してヒットした、パソコン（ＰＣ）などデジタルデバイスが発するブルーライトをカットする「ＰＣメガネ」も、眼鏡を必要としない視力の良い人にも需要を喚起した。

③エコシステム・アプローチ

エコシステムとは、生態系を意味する英語だ。ＩＴをはじめとする技術革新によって、企業は、さまざまな企業、組織、団体、個人と結び付きながら、協調して互いの収益モデルと経済圏をつくり上げることから、生物の生態系に例えて「ビジネス・エコシステム」とも呼ばれる。例えばアマゾンは、自社商品だけでなく「マーケットプレース」というプラットフォームに他社が参加できる仕組みをつくり、購入者は購買品のレビューを書き込んで情報が集積されていく。これらが互いに相乗効果をもたらし、アマゾンのショッピングサイトを魅力的なものにしている。参加者全員がバリュー・テイカーと利益を享受し、一つのエコシステムをつくり上げている。直接商品を販売することなく、一般のユーザーが情報を提供し合い、価値の高い情報集積のプラットフォームを形成しているビジネスとしては、クックパッドや食べログ、＠ｃｏ sme（アットコスメ）などがあり、いずれも高付加価値・高収益企業である。バリュー・テイカーは単にお金を支払い、消費している顧客という観点だけではなく、ビジネスそのものの価値を上げてくれるエコシステムの参加者という観点も重要である。

(3) 第二ファクター「何を」：本質的価値の形成

本質的価値の原点は、企業の理念や使命の中にある。〝本質的〟という概念が重要であり、この部分を追求していけば、時代がどのように変わっても企業は存続していける。個別の製品や技術、サービスではなく、それらが提供する価値にフォーカスすれば、時代の変化に応じた価値提供のイノベーションを起こす柔軟性が生まれるからだ。これはドメイン（事業領域）の設定にも通じる。今なぜ自社が顧客に選ばれているのか、市場で存続できているのかを考えてみることだ。自社は中小企業だから、競争力がないから、とネガティブに考える企業は多いが、市場で存在しているからには「何か」選ばれる理由があるはずだ。それがない企業は、すでに市場から退出している。

例えば、後述する機械工具卸売業のトラスコ中山は、一年に一度しか売れない商品も在庫として保有し、さらにドライバー一本でも即納する仕組みを構築。「トラスコ中山に言えば必要なものを必要なだけ、すぐに届けてくれる」という価値を提供している。同社は卸問屋のため一部のPBを除き、ある程度はどこでも買える製品を扱っている。が、顧客はこの本質的価値を評価してトラスコ中山を選ぶ。

(4) 第三ファクター「どのように」：価値創造のコンポーネント

先述した通り、戦略とビジネスモデルの大きな違いは、「どのように」にある。すべての企業は、顧客にモノ・サービスを提供するための機能と仕組みを有している。例えば、メーカーであれば、製品の企画開発から始まり、原材料の仕入れ、製造・加工、販売、物流、アフターメンテナンスなどの業務・機能がある。これらが本質的価値を形成するコンポーネントとなる。各社はともにこれらのコンポーネントを持っているが、他社と比較して強いもの、弱いものがある。逆にいうと、すべてのコンポーネントにおいて、圧倒的に他社よりも優れているというケースはまれで、自社の戦略や特性に応じてコンポーネントの強弱が生じてくる。これは、戦略の重要な要素ともなる経営資源の配分という意味においても正しいし、そうすべきである。自社のビジネスモデルが提供する本質的価値を定義した上で、コンポーネントへの経営資源の重点配分や組み合わせが決められていく。それによって「コア」「キー」「サブ」というそれぞれの役割を担いながら、相互に作用し合い、価値創造システムが完成する。

ビジネスモデル・コンポジションにおける価値創造システムを設計する場合、自社が提供すべき本質的価値を踏まえた上で、何がコアで、何がキーなのかをしっかりと見極めなければならない。それが設計されるからこそ資源の重点配分という戦略的意思決定ができ、絵に描いた餅ではない価値創造システムになる。

4 四つの「I」のストーリー

ビジネスモデルのイノベーションは、「誰に（バリュー・テイカー）」「何を（本質的価値）」「どのように（価値創造システム）」の一つまたは複数を、既存のビジネスモデルから変革することにある。しかし、その変革のアイデアはどのようにして芽生え、どこから生まれてくるのだろうか。

これは本当にさまざまだ。企業の理念・使命の追求によって芽生える場合もあれば、既存事業の市場や技術・サービスから生まれる場合もある。会社の存続が危うくなり、「窮すれば変ず」で成功した場合もあれば、海外の先行ビジネスモデルから学ぶ場合もある。まれなケースだが、スティーブ・ジョブズのように一人の天才が生み出す場合もある。

ここでは、ビジネスモデルのInnovation《イノベーション》に至るプロセスを、Investigation《インベスティゲーション》（調査）、Inspiration《インスピレーション》（ひらめき）、Installation《インストレーション》（導入）という流れで、イニシャルの四つの「I」で説明する。新たなことに取り組む場合、まず調査し、その中で新たな発想がインスパイアされる。それを自社のビジネスに試行錯誤しながら導入し、イノベーションが成功するというストーリーだ。

イノベーションのアイデアは決してゼロからの創造ではない。学術・学問や科学技術が先人たちの発見や知識の積み重ねから進歩していくように、ビジネスモデルも突然変異で生まれてくることはほとんどない。先述したイノベーターも同様である。最初のステップとして調査は欠かせない。自分自身の経験や、さまざまな資料やデータを綿密に分析し、科学的に調査する。市場予測、顧客の嗜好、製品・技術のデザイン、競合企業やベンチマーク企業の動向まで多岐にわたる。特に重要なのが異分野を調べ、そこから学ぶことである。業界動向や競合企業の戦略などは、同業他社も同じように調査している。自社の所属業界のことはリアルタイムで詳細に把握している企業も少なくないが、そこから競争優位のビジネスモデルは生まれにくい。

例えば、顧客の支持を得ている同業他社のサービスを模倣しても二番煎じにすぎず、他社も後を追うため結局は同質化して価格競争に陥ってしまう。同業他社の事例は分かりやすいだけに、そこから得られるのはひらめきではなく、Answer《アンサー》（答え）そのものになる。業界内の企業すべてが同じ答えを得られるため、皆が取り組みやすい。だが異分野なら、自社と異なる業界・業種でのビジネスのため、そこから学びを得ようとすると、当事者の高い問題意識と感性、能力、経験などが求められる。何よりも、なぜその業界で、その企業が成功しているのかを探求していく努力が必要だ。本来、ここにこそ真のInvestigationの価値が生まれる。

よくあるのが「あれはあの業界だから可能だ」「うちの業界の常識では無理だ」と先入観で決め付けるケースだ。最初からそう考えてしまうと思考停止に陥り、何も学び得ない。

誰もが分かる同業界のアンサーは、そのままImitation《イミテーション》（模倣）が可能であり、同業他社に追い付くImprovement《インプルーブメント》（改善）にとどまることが多い。異分野では、自社とは異なる業界・業種

図表2-6　4つの「I」のストーリー (Investigation、Inspiration、Installation、Innovation)

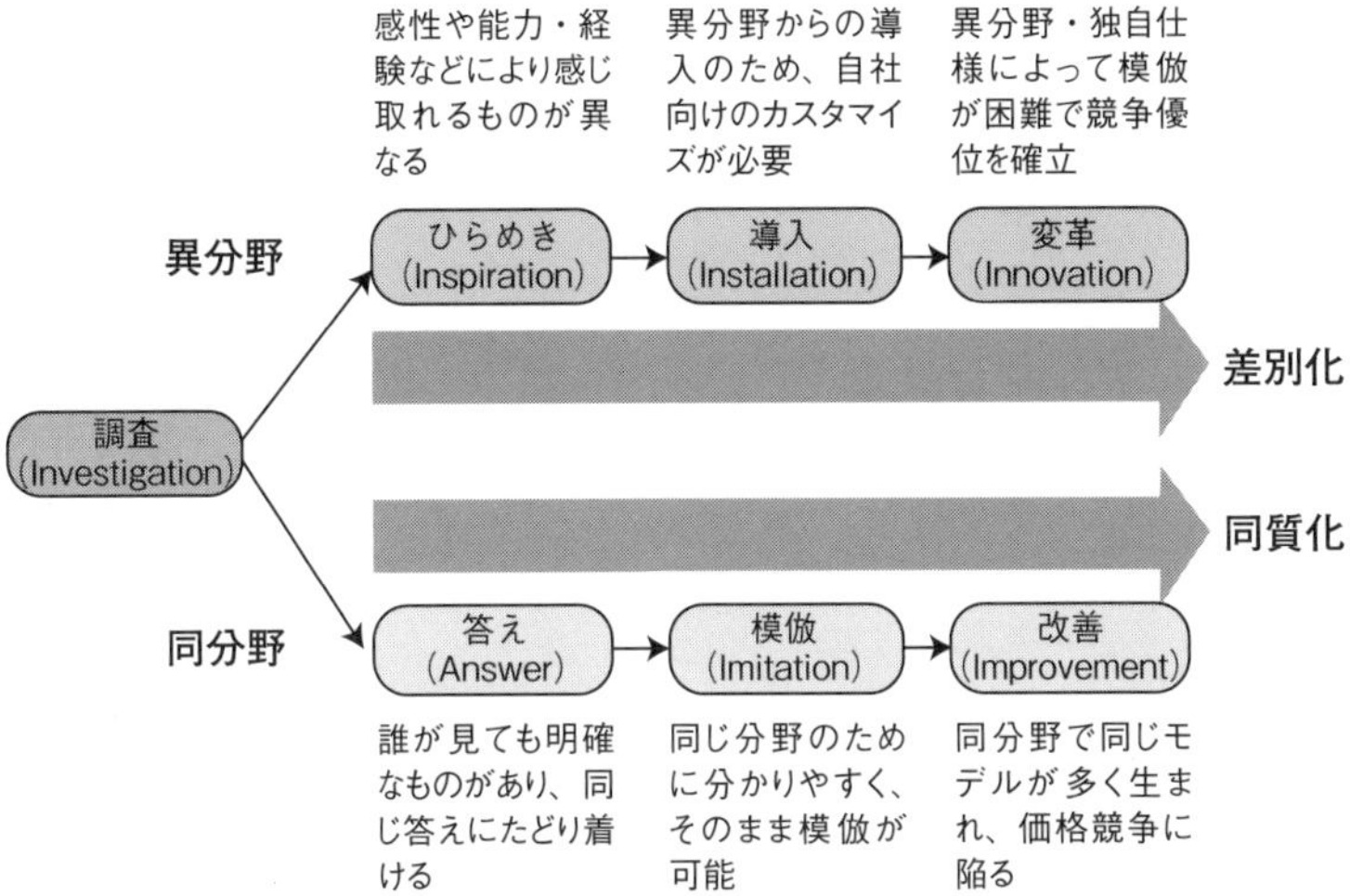

を調査するという段階からひらめきを得て、インストールするまでのプロセスにおいて試行錯誤と創意工夫が求められるため、自社が展開する段階で他社からは模倣困難なビジネスモデルとなっている（【図表2-6】）。まさに「他業界で既知のものであっても、自業界で未知のものであれば、イノベーションとして重要だ」とするシュンペーターの言葉そのものである。

　トヨタの「かんばん方式」が、異業種のスーパーから着想を得たのは有名だ。また、スターバックスはイタリアのカフェという異国の文化に触発された。米国で始まったSNSやeコマースは各国でさまざまな進化を遂げ、日常生活に浸透しており、圧倒的な在庫量と物流スピードで顧客価値を最大化している。このロングテールモデルは、ネット通販のみでなく卸売業でも展開されている。カミソリのジレット（現P

&Gのブランド名）が始めた「替え刃方式」と呼ばれる収益モデルは、パソコン、コピー機からコーヒーマシンまで多様な業界で活用中である。

ノーボーダー時代だからこそ異分野に学び、積極的に取り入れることが、今まで以上に求められよう。それを実現した企業がイノベーターとなり、市場を席巻する圧倒的勝者になる現実がさまざまな業界で起こっているのだ。

第3章

ビジネスモデルイノベーション

——マスターピース・セレクション

本章では、秀逸なビジネスモデルを構築して高い付加価値をつくり出している企業を選定し、マスターピース・セレクションとして紹介する。ビジネスモデルに限らず、企業経営をテーマとする場合、優良な先行事例をモデルとして学ぶことこそが真の理解につながる。

ビジネスモデルの類型は定義によって多数存在するが、本書では一四類型のモデルにフォーカスして解説・紹介する。構成としては、最初にそれぞれのビジネスモデルの概要とロジックで共通した全体像を解説し、次に、一般的によく知られている企業事例を紹介することで、実際のビジネスへの展開モデルを理解するという流れを意図している。そして最後に、大企業や有名企業だけでなく、知名度の低いＢtoＢ企業や中堅・中小企業まで含め、ビジネスモデル・コンポジションのフレームを活用しながら詳しく解説する。

この三部構成を通じ、経営資源が豊富な大企業のみならず、中堅・中小企業やスタートアップしたばかりのベンチャー企業も、ビジネスモデルイノベーションを実現する主役になれることを強調したい。このことは、首都・東京に集中している著名企業だけでなく、地方創生を担う各地域の優良企業にスポットを当てることも意図している。なお、優良事例企業の多くは、複数のビジネスモデルを巧みに織り交ぜることによって、より高い付加価値を創出しているが、ビジネスモデルを分かりやすく理解していただくため、シンプルに一つのビジネスモデルに焦点を当てて解説している。

1　ロングテールモデル

〈ロングテールモデル〉のロジックと概要

ロングテールとは、「多種多様な商品を扱い、〝ここなら全部そろう〟というワンストップソリューションを提供して顧客価値を高め、売上げと収益を向上させる」ビジネスモデルである。

数値の全体構成の中で、一部の少数要素が大きな割合を占める経験則を「パレートの法則」と呼ぶ。例えば、「商品群の中の二〇%が全体の売上高（または利益）の八〇%を占めている」といったことだ。そのため企業の商品戦略において、上位二〇%への重点・集中は非常に合理的である。そもそも、多数の商品を取り扱うにしても、その商品数が多ければ多いほど陳列・保管スペースが必要となり、在庫効率も低下してしまう。また、商品の広告宣伝などの販促費も分散してしまうため、主力商品の販売もおろそかになる可能性がある。

ロングテールモデルは逆に、非常に多くの種類の商品を取り扱うことにより、顧客ニーズのすべてを満たそうとするモデルである。左縦軸に売上げ（利益）、横軸に商品アイテム、右縦軸に累積構成比を示す複合グラフ**【図表3-1】**をパレート図と呼ぶ。販売数の多い商品を左から並べると、売上げの低いニッチ商品も数多く取り扱うため、なだらかな曲線が右に続き、それが動物の長い（ロング）尻尾（テール）に見えることからロングテールと呼ばれている。二〇

図表3-1　ロングテールモデルのイメージ

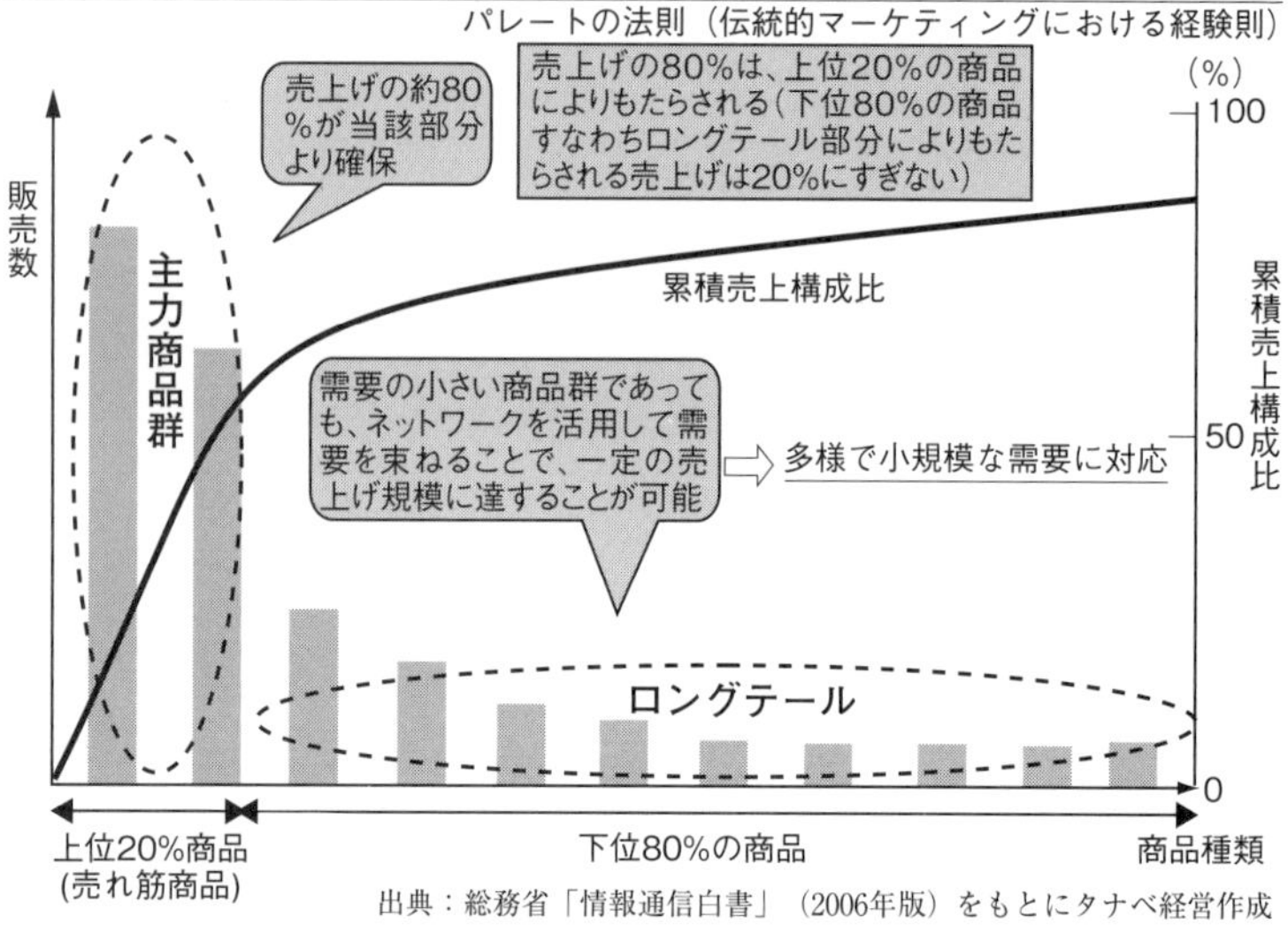

出典：総務省「情報通信白書」（2006年版）をもとにタナベ経営作成

〇六年に米雑誌『WIRED《ワイアード》』の編集長だったクリス・アンダーソンが紹介し、その名前は広まることとなった。

このビジネスモデルが確立すれば、顧客は「ここに来ればなんでもそろう」というイメージを持つため、マインドシェアが高まり、優先的に利用してくれるようになる。また、そこでしか扱っていないニッチ商品を購入するついでに、他の企業や店舗でも扱っている主要商品も「ついで買い」してくれるため、総体的な売上げと収益の向上につながる（【図表3-1】）。

このモデルは、「商品保管スペースの確保」「広告宣伝費の増大」という課題があり、容易に構築できなかった。しかし、インターネットの普及がロングテールを実現可能とした。Ｗｅｂ上では商品の陳列スペースに制限がない。また、顧客へのアプローチも安価で済むことが多い。顧客がシステマチックに商品を探してくれるし、マイナー・ニッチな商品も検索システムで容易に見つかるため、売れる可能性が飛躍的に高まる。このようなインターネット技術の進展が、ロングテールのビジネスモデルを推進していく基盤となったのである。

〈ロングテールモデル〉の一般事例・類似事例

ロングテールモデルの事例として最も有名なのが、世界最大のオンラインストアを運営するアマゾンである。一九九四年にジェフ・ベゾスが創業した時は、ネットを介した書籍販売企業だったが、現在は書籍にとどまらず、日用雑貨、家電、音楽・映像データなど、日常生活で使用するものについてはジャンルを超えてそろえられないものはないほどの取り扱い規模となっている。「世界最大の流域面積を持つアマゾン川のようになる」「A to Z（なんでもそろうようにする）」という理念を見事に体現している。その圧倒的な商品群とエリアの世界展開をもって、ロングテールの模範を示し、成長を続けている。二〇一五年には小売業においてウォルマートを抜き、時価総額世界トップ企業にまで上り詰めた。

日本発のロングテールモデルといえば、アスクルが挙げられる。既存の業界の流通構造に変革をもたらしたアスクルは、代表的なイノベーター企業である。「今日頼めば、明日来る」というコンセプトでスタートした当初から、その社名通りにスピーディーな物流配送体制を整えてきた。オフィス用品・文具を皮切りに、店舗用品、飲食料品、梱包資材、医療介護向け製品、工具、作業服など、さまざまなカテゴリーで充実した品ぞろえを実現している。また、従来のBtoBビジネスだけでなく、ヤフーと提携した新ブランド『LOHACO《ロハコ》』を核に、BtoCビジネスにも注力している。

トラスコ中山のビジネスモデル

ロングテールのビジネスモデルを卸売業で構築し、顧客価値を最大化している高付加価値企業がある。プロツール（工場・倉庫・オフィス・建設現場などで必要とされる消耗品を中心とした工具・備品など）を取り扱う機械工具の専門商社・トラスコ中山である。

「がんばれ‼日本のモノづくり」をミッション（使命）とし、機械工具業界でトップクラスの年商規模と高収益体質（二〇一六年一二月期：売上高一七七〇億五三〇〇万円、経常利益一四四億三三〇〇万円、売上高経常利益率八・二％）を誇る。

本質的価値は、「ワンストップ&スピード・ソリューション」。ワンストップは「この会社に頼めば何でもそろう」、スピード・ソリューションは「頼んだものがすぐそろう」という安心感・信頼である。この価値を支えるコンポーネントを次に述べる。

トラスコ中山の価値創造システムのコア・コンポーネントは「圧倒的な在庫量」である（**【図表3-2】**）。

図表3-2　トラスコ中山のビジネスモデル・コンポジション

使命（Mission）		がんばれ!! 日本のモノづくり
ビジネスモデル （Business model）		ロングテールモデル
本質的価値 （Essential value）		ワンストップ&スピード・ソリューション
価値創造システム （Value Creating System）	コア・コンポーネント （Core component）	圧倒的な在庫量
	キー・コンポーネント （Key component）	手形取引の廃止
	サブ・コンポーネント （Sub component）	物流倉庫、配送システム、 PB商品、オレンジブック
価値を享受する人 （Value taker）		工場の購買担当者、エンジニア、 作業者など

同社は機械工具業界で後発企業だったという。そのため大きな問題として「商品の販売チャネルが先行他社に押さえられていること」があった。それに対応するため、小分け販売や工具業界の枠にとらわれない商品構成に重点を置き、取り扱い商品を拡大させた歴史がある。その過程でロングテールモデルが確立されていった。

現在は取り扱いアイテム数が約一四〇万アイテム、うち在庫数は二九万アイテム、在庫額は二九〇億円。これだけの在庫を擁することで、「いつ頼んでも、在庫がある状態」になっている。

また、同社は重要指標として「在庫ヒット率」を挙げている。これは「全受注のうち自社の在庫から顧客にお届けできている割合」であり、二〇一六年度実績で八八・八％である。つまり同社に頼めば、約九割は在庫があるという状態だ（「今は在庫がない」という状態が一割ということである）。在庫効率を測るための一般的な指標である「在庫回転率」を使わないのは、「お客様にとって、なんの価値もない指標だから」（同社の中山哲也社長）だ。同社では顧客から注文が入った時、在庫商品がある確率（在庫ヒット率）の向上に取り組んでいる。

そして豊富な在庫を顧客に示すための分厚い商品カタログ『オレンジブック』は年二五万部も発行されており、日本の大手製造現場に必ず一冊はあるといわれるほど浸透が進んでいる。

トラスコ中山のキー・コンポーネントは、「手形取引の廃止」だ。企業のキャッシュフローは、売掛金と買掛金と在庫によって決まる。手形取引の廃止でキャッシュフローがよくなり、その分のキャッシュを顧客の幅広い要望に応え得る圧倒的な在庫保有のために回すことができる。この「手形売りなし」が同社のモデルを見えないところで支えている。

サブ・コンポーネントは「物流」である。商品があっても、届けることができなければ意味がない。ロングテールの実践は物流システムが基盤であり、その点はサブ・コンポーネントとして明確にトラスコ中山の見える価値として構築されている。全国四八カ所の物流センターと支店網が張り巡らされ、「ドライバー一本、ガムテープ一個など小ロットでの出荷に対応します」「自社配送で一日二便、送料無料で配送します」など、きめ細かい配送が可能となっている。

同社は、一般的に利益率が低いとされる卸売業態でありながら、高収益体質である。それは、ロングテールモデルとPB製品群が大きく関わっている。ロングテールモデルの実践でマイナー・ニッチな製品が売れていくが、それらの多くは顧客にとって緊急性と重要性が高い場合が多い。かつ流通数が少ないため、価格競争に巻き込まれることなく高い利益が得られる。

同社の倉庫内には「一体、何に使うのか」と気になる商品も数多く見受けられるが、それらが高収益体質を支えている。また、プロツールの豊富な取り扱い経験を生かして、ＰＢの『ＴＲＵＳＣＯ』を構築している。ＮＢよりも利益率が高いこの商品群は、現在四万六〇〇〇アイテム、売上高は三七〇億円と全社売上げの約二〇％を占めている。

即座に顧客のもとへ商品を届ける物流体制、顧客ニーズに即した自社オリジナルのＰＢ製品などがサブ・コンポーネントとして存在し、コア・コンポーネントと有機的につながることで精巧な価値創造システムが形成されている。

2　プラットフォームモデル

〈プラットフォームモデル〉のロジックと概要

プラットフォームとは、ソフトウエアが動く基盤として機能する部分のことである。ビジネスモデルでよく使われるプラットフォームの意味もこれに近く、「ビジネスが生まれる基盤となる場所・スペース」を指す。すなわち、ここで述べるプラットフォームモデルとは、「場所＝プラットフォームを構築し、企業（出店者）や顧客（消費者）を集め双方のニーズをマッチングさせるエコシステム（生態系）を創出し、利益を上げるモデル」である。

このモデルは、「ショッピングモール」で例えるとイメージがしやすい。デベロッパーという〝家主〟がモールという場を構築し、〝店子〟（テナント）から出店料を収益として得る。デベロッパー側は、テナント料という安定収益が得られる一方、テナント側はモールのブランド力を借りることで集客リスクを軽減させ、またモールの出店審査を経て入店しているため店のブランド力強化にもつながる。このように、双方にメリットがある。

もっとも、これと似たモデルは昔から存在した。「市場《いちば》」と呼ばれるものが、いわばプラットフォームでもあった。それが近年はインターネットの普及によりＥＣサイトを活用したプラットフォームモデルが隆盛を極めたため、プラットフォームという言葉が広く一般化した。

モデル構築において、成功するための必須条件が大きく二つある。

一点目は、「その場＝プラットフォーム」自体に付加価値（魅力）を付けられるかどうかである。魅力的な市場だからこそ出店者が集まり、顧客も集まる。魅力が定着すれば、店と顧客がさらに集まり、自動増殖を繰り返すことでよりよい市場に進化していく好循環が生まれる。

二点目は、プラットフォームの品質管理機能・システムを構築できるかだ。良い評判を得られれば、より魅力度を増すサイクルが機能する。だが、質の悪い店や顧客が集まると、逆方向に作用する。「行かない（出店しない）ほうがよい」と悪評がたつと、魅力度が下がり悪循環に陥ってしまう。

ＹｏｕＴｕｂｅがグーグルに買収された後、プラットフォームとしての価値が飛躍的に高まったのは、悪質な違法コンテンツがグーグルによって厳しく排除されたからに他ならない。

〈プラットフォームモデル〉の一般事例・類似事例

プラットフォームモデルの代表例といえるのが、オンラインショッピングモール「楽天市場」を運営している楽天である。楽天市場はインターネット勃興期であった一九九七年五月に開設され、約二〇年後（二〇一七年三月末）に出店舗数が四万四六〇二店（二〇一七年度第1四半期決算説明会資料より）まで成長している。同社の国内EC流通総額（二〇一六年度）は三兆円を超え、会員数は八九五〇万人（二〇一七年三月時点）にのぼる。その多くが楽天市場で購入していることを考えれば、日本最大級のオンラインショッピングモールといっていいだろう。

楽天がプラットフォームモデルの構築に成功した要因は、「徹底したサポートによる出店者の集客」と、「顧客が離れないようにする楽天ポイントシステムの構築」にあると考えられる。

楽天がオンラインモールへ参入した当時、競合相手は存在した。その中で楽天は、「地方の小さな商店でも、コンピューターに詳しくなくても、誰でも簡単に店を開けるようにしたい」というコンセプトによって、ネットショップを立ち上げやすい環境を整備した。開設方法を詳しく説明し、成功ショップの要因分析・展開方法など「出店者の商売が成功するようなサポート」を手掛けることで、ネット通販への参入障壁を下げ、出店者の集積につなげた。

また各店舗自身でページを更新するシステムのため、自発的にノウハウを駆使してよりよくしていく。それによって、「よりよいサイトが自動的に増え、質の悪いサイトは消えていく」という好循環が回った。

顧客に対しては、モール内で使用可能な「楽天スーパーポイント」を発行することで、楽天市場に「再訪せざるを得ない」仕組みをつくり上げ、出店者・顧客の双方が爆発的に増加した。

もう一つ、プラットフォーム構築の成功企業としてアイスタイルを挙げる。同社は、国内の〝美〟に関する圧倒的な情報量とチャネルが集まる、化粧品コミュニティーサイト「@ｃｏｓｍｅ（アットコスメ）」を運営している企業である。

アットコスメは、化粧品などの販売、エステサロン・美容室のサービス提供などの「出店者」と、美に関する情報・商品・サービスを探す「顧客」をマッチングし、多くの取引を生み出している。もともとは化粧品のクチコミサイトから始まったが、今や登録商品数二七万件、登録小売店舗数四万五〇〇〇店、登録サロン数四〇〇〇店、月間利用者数一四〇〇万人と、二〇～三〇代女性の二人に一人が利用しているプラットフォームへ進化を遂げている。

同社は出店者と顧客の間に立ち、出店者にはクチコミデータ分析などによるマーケティングサポートや広告を、顧客には会員サービス（有料課金制）を提供し、双方にメリットを与えながら同社も収益を得る優れたビジネスモデルを構築している。

タカヨシのビジネスモデル

昔からある「市場」というビジネスモデルを、オンラインではなくオフラインで成功させた秀逸な事例がある。農産物直売所「わくわく広場」「農場長　田畑耕作」「クレイジーパントリー」の経営と、フランチャイズ展開を事業とするタカヨシである。

タカヨシは一九七〇年に設立し、当初は事務機器の販売やホームセンターの展開を行っていたが、二〇〇〇年に直売所ビジネスに参入した。「新鮮・安心・低価格を提供し続ける」をミッションとし、通常の食品小売業とは一線を画したプラットフォームモデルを構築している。

同社が展開する「産直」とは、農産物や魚介類などを、中間流通を介さずに生産者から直接消費者へ供給する流通・取引形式のことである。地元農家の新鮮野菜や地場の加工品店（パン店・和菓子店など）の手づくり商品など、地域色の濃い商品を卸売市場や農協を通さずに、大手ショッピングセンターのインショップと自社店舗で直接販売している。近隣の生産農家と交渉し、出店を募ることで自社の店内スペースを貸し出し、その販売手数料で収益を得るプラットフォームモデルである。

タカヨシの出店は、地域に対する「地産地消のマルシェ（市場）の提供」となり、それがその地域で同社を活用するステークホルダー（生産農家および一般消費者）にとっての本質的価値となる。その本質的価値を支えるコンポジション（構成）は、**【図表３‐３】**の通りである。

図表3-3　タカヨシのビジネスモデル・コンポジション

使命（Mission）		新鮮・安心・低価格を提供し続ける
ビジネスモデル（Business model）		プラットフォームモデル
本質的価値（Essential value）		地産地消のマルシェの提供
価値創造システム（Value Creating System）	コア・コンポーネント（Core component）	農家からの商品調達力
	キー・コンポーネント（Key component）	価格決定権と在庫リスクは仕入れ先
	サブ・コンポーネント（Sub component）	品ぞろえ、鮮度、店舗づくり
価値を享受する人（Value taker）		生産者（売り手）、こだわりを持つ消費者

タカヨシの価値創造システムのコア・コンポーネントは「農家からの商品調達力」である。プラットフォームモデルの要諦は「いかに魅力的な市場を構築できるか」であり、その第一ステップは優良な出店者をいかに集めるかだ。同社の業態においては、優良な生産農家の確保である。その点については、出荷エリアが限られるＪＡ（農業協同組合）の直売所に比べ、そうした制約がない『わくわく広場』では販売拡大のチャンスが多くあるという利点を強調しながら、足を使った地道な交渉を続け、店舗への出店につなげている。どの地域においても優良な生産農家を確保できるノウハウが、タカヨシのビジネスモデルを支えているのである。

このモデルは生鮮食品小売業にとって、大きな経営課題も解決する。それは「在庫による廃棄ロスのリスク低減」と「人件費削減」である。

図表3-4　ウィン・ウィン・ウィン（三方よし）の流れ

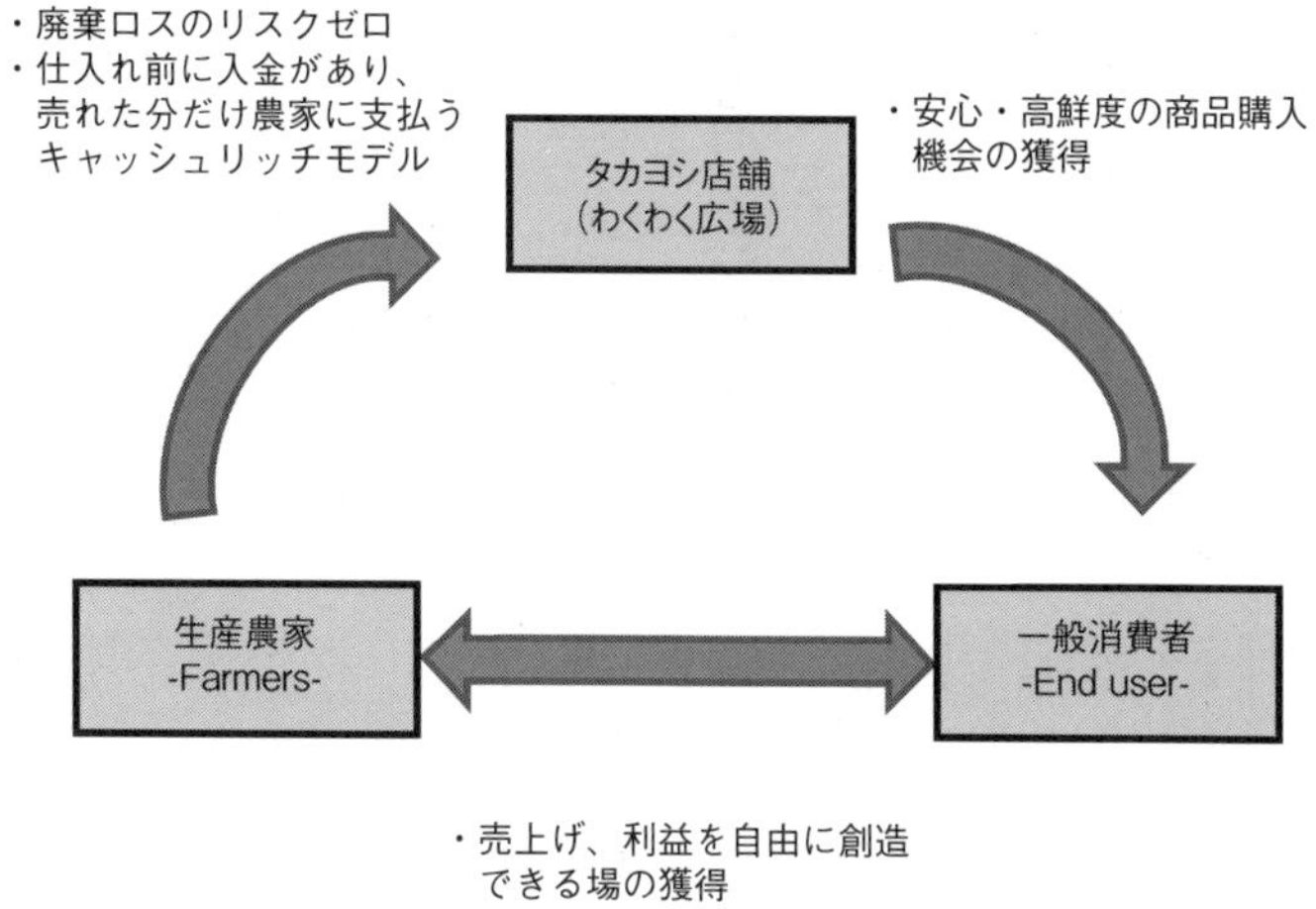

タカヨシでは、廃棄ロスのリスクについて、仕入れ先である生産農家が担うモデルにすることで回避している。ただし、商品の価格決定権についても生産農家に一任するため、自助努力によって売上げと利益を創造できる、生産農家にとっても魅力的なモデルとなっている。この「価格決定権と在庫リスクを仕入れ先が担う」という点が、タカヨシのプラットフォームモデルを成功に導くキー・コンポーネントとなっている。なお、売れた分だけ生産農家に支払うという条件になっているため、キャッシュフローの観点からも優れたモデルといえる。

また商品の配置も生産農家が担うため、商品の搬入・値決め・値付け・陳列の一連の流れを完全に委任する形となっており、人件費の大幅な削減につながっていることもポイントである。

楽天が出店者のネットショップ成功をサポー

トしているように、タカヨシは独自のノウハウを駆使して「商品が売れるような店舗」をつくることで生産農家の出店をサポートしている。同社は産直事業を始める前に手掛けていたホームセンター事業で蓄積した店舗づくりのノウハウがあった。このノウハウを産直店舗に活用することで成功を収めている。このノウハウによる店舗づくりと、多くの農家によって生み出されるバラエティーあふれる鮮度の高い商品構成がサブ・コンポーネントとなる。ここに至ると、市場魅力度は競合他社が太刀打ちできないレベルに向上する。現在は商業施設のデベロッパーからテナント誘致が来る一方、生産農家からも期待されるという状況を生み出しており、まさに圧倒的優位な状況で店舗展開・運営を進めている（**【図表3‐4】**）。

奥原商事のビジネスモデル

もう一つの成功事例として、〝地域オリジナルプラットフォーマー〟とも呼ぶべき独自のモデルを展開している奥原商事（沖縄県中頭郡北谷町）を挙げる。

奥原商事は一九七五年に家具・軍払い下げ品の小売店として創業し、その後に輸入雑貨小売業に集中、現在は地域行政の施策である「ウォーターフロント構想」に乗る形でデベロッパーの道に乗り出した企業である。「地域の発展こそが自社の繁栄」をミッションとし、通常のデベロッパーと一線を画したプラットフォームモデルを構築している。

同社が展開する「デポアイランド」という商業施設群は、沖縄の観光スポットランキングで

図表3-5　奥原商事のプラットフォームモデル

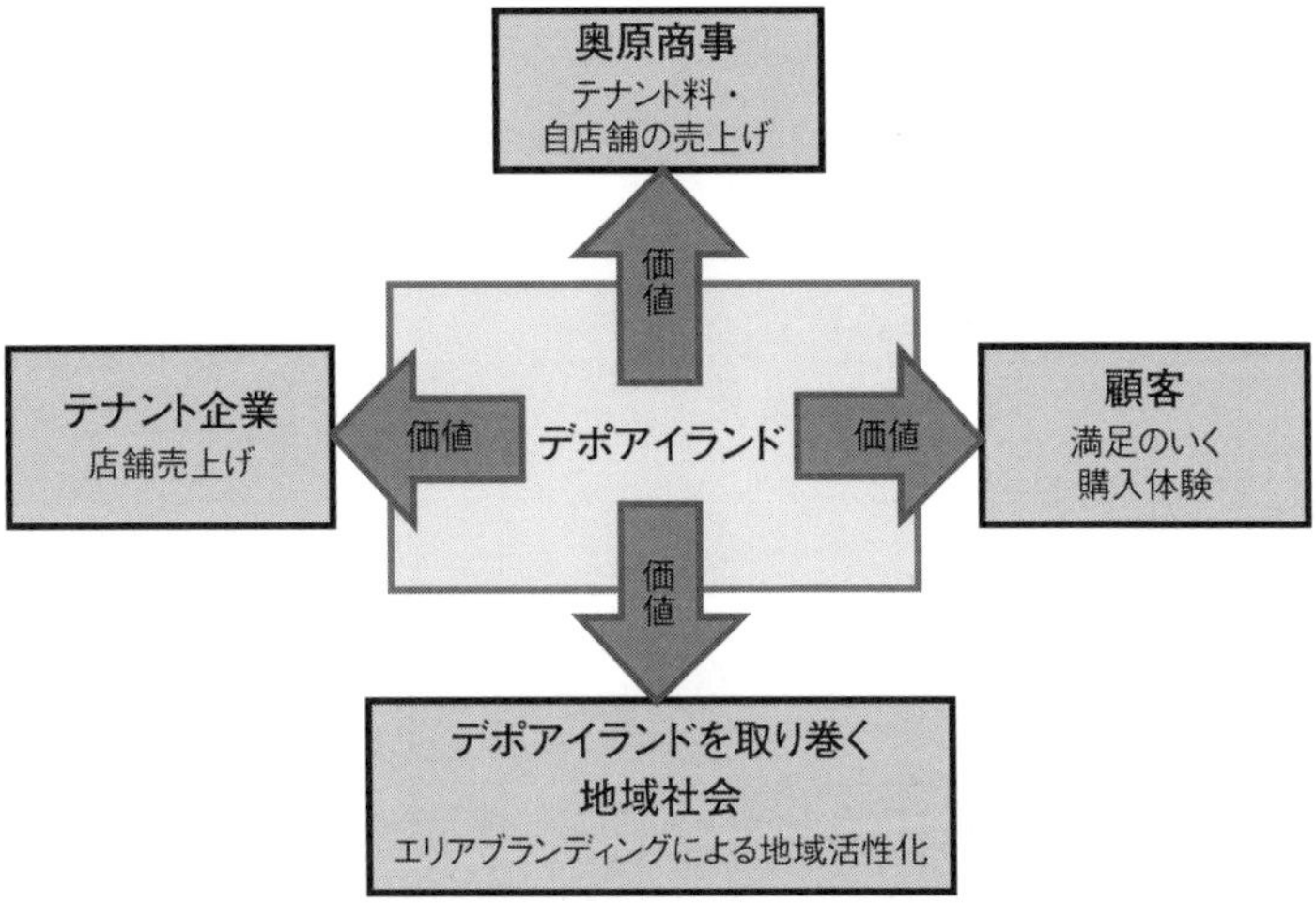

必ず上位に挙がる「美浜タウンリゾート・アメリカンビレッジ」（以降、アメリカンビレッジ）内のエリアの一つ。アメリカンビレッジは年間三〇〇万人の集客実績を誇り、観光地というスポット消費中心の顧客が主でありながら、リピート率七〇％超という驚異的な数値を上げている。顧客の三割がインバウンド客で、沖縄の観光名所として確固たる地位を築いている。

デポアイランドは、アメリカンビレッジの中核を担うエリアである。同社のビジネスモデルはデベロッパーとしての役割と、その中での自社店舗（衣服小売店「アメリカンデポ」、アメリカンセレクトショップ「ソーホー」、イタリアンレストラン「デポズガーデン」など）の展開であり、施設へのテナント誘致・集客によりエリアの付加価値を向上させている（【図表3-5】）。

奥原商事は、常に「集客力のあるプラットフ

図表3-6　奥原商事のビジネスモデル・コンポジション

使命（Mission）		地域の発展こそが自社の繁栄
ビジネスモデル（Business model）		プラットフォームモデル
本質的価値（Essential value）		エリアブランディング
価値創造システム（Value Creating System）	コア・コンポーネント（Core component）	積極的なエリア開発投資
	キー・コンポーネント（Key component）	地元パートナー企業とのネットワーク
	サブ・コンポーネント（Sub component）	シーサイドの美しい景観、テーマパークのようなショッピングモール、核テナント企業6社での未来検討会議
価値を享受する人（Value taker）		地元を愛する企業、観光客、その地域で生活する人

ォーム」「地域の色を全面に出す」というコンセプトにより開発を行うことで、その地域・地元を愛する企業、その場所で消費する顧客の双方に満足感を与えるという本質的価値につなげている。その価値を支えるコンポジションは**【図表3-6】**の通りである。

奥原商事の価値創造システムのコア・コンポーネントは、「積極的なエリア開発投資」である。プラットフォームモデルの要諦は「いかに魅力的な場を構築できるか」であり、優良な出店者をいかに集めるかが鍵を握る。同社の業態においては、「地元を愛し、地元のブランド化に協力できる優良なテナント企業」を確保し、訪れた顧客にいかに楽しんでもらえる場・空間を構築するかが極めて重要となる。そのため同社は「街づくり」を提唱し、景観も含めた全体的なエリアブランディングを進めている。具体的には、街づくりの基盤となる土地（国民年金健康センターの敷地）を二九億円で買収した。土地の所有権を持つことで、商業施設だけでなく街全体の景観も含めた街づくりが可能となった。

その街づくりにおいて、同社は「自然との調和」をコンセプトにしている。等間隔で並ぶ電柱や張り巡らされた電線が美しい夕日と海の眺めを邪魔すると気付けば、電柱・電線を地中化する。海が見えないということであれば、見えるような勾配づくりを実施する。一方、商業施設では数々の大規模イベントや、エリア全体に顧客を滞留させる施策（インバウンド客を想定したWi‐Fiの無料提供など）に取り組む。こうした「景観＋商業施設の活性化」という地域全体を包括したブランディング施策により、沖縄有数の観光スポットの地位を確立している。

このようなブランディングは地元の人にも非常に好評であり、地元にとっても人気のスポットとなっている。一般的に観光地はスポット顧客（観光客）しか集められないが、地元の人にも魅力的なスポットに仕立てることで集客基盤を固めている。年間集客数の多さとリピート率の高さは、地元に愛されている証しである。

キー・コンポーネントは「地元パートナー企業とのネットワーク」。通常、集客するためには全国に名の知れたフランチャイズチェーン店が一つや二つ入っているものだが、デポアイランドは六〇店舗あるうち、そうした店舗は一つもない。ほぼ地元企業で固めている。それこそが他の商業施設との差別化になっており、「〝地域オリジナル〟のプラットフォーム」といえるポイントである。景観も含めた街づくりは一過性でなく、常に刷新しなければならない。そのためにはテナント企業も含めたエリア一丸となった行動が必要である。その結果、テーマパークのような魅力的なショッピングモールが創造されていく。さらに核テナント企業六社の経営者が集まり、今後の方向性を考える「未来検討会議」を定期的に開催している。この会議の存在により組織団結力は一段と高まっている。

また、同社は小売店や飲食店だけでなく、デポアイランド内にホテルも建設。これにより、顧客の滞在時間を伸ばし、エリアの売上げ向上につなげるという仕組みも構築している。

3 コーディネーションモデル

〈コーディネーションモデル〉のロジックと概要

コーディネーションとは、複数の事柄を調整し、まとめることで一つのものを美しく仕上げることを指す。ビジネスモデルの観点でいえば「ニーズはあるがそれを達成する手段・方法が不明な者同士をマッチングし、相互のニーズを満たして付加価値を提供するモデル」となる。

このモデルでは大きく二つの立場が存在する。一つは、ニーズと何らかの資源（手段・ノウハウ・資金）を持った「ユーザー」だ。自身のニーズを満たすため、機会・手段・ノウハウを求めている。もう一つは、それらのユーザーを結び付ける「コーディネーター」である。ある種のニーズの枠組みの中で、ユーザーのニーズを詳細に把握し、自身が持つネットワークの中

図表3-7　コーディネーションモデルのイメージ

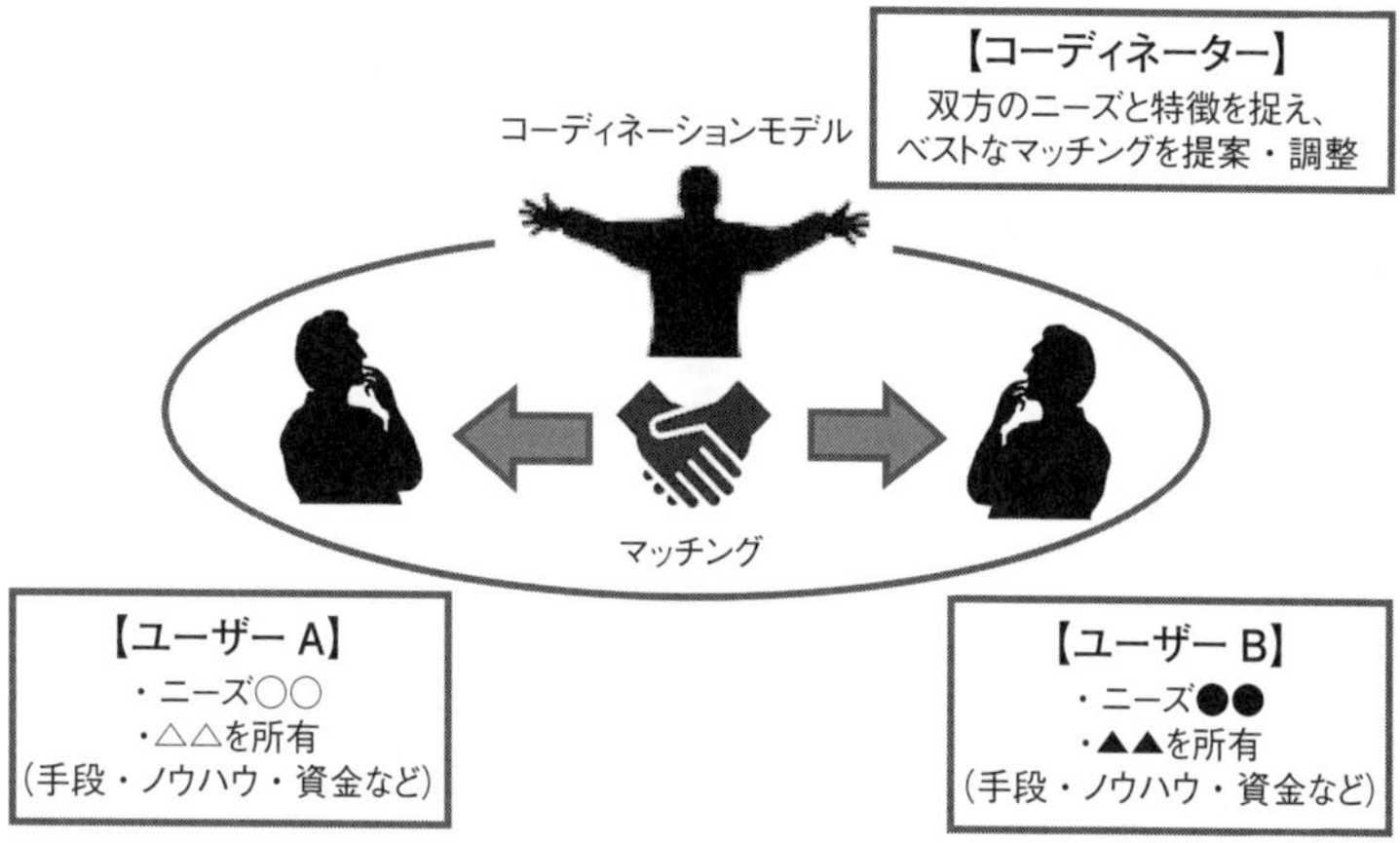

でマッチングさせ、最良のビジネス・取引を生み出す役目を担う（【図表３-７】）。

身近な例では、結婚相談所がこのモデルに相当する。「結婚相手を見つけたい」というニーズを持つユーザーたちが自身のプロフィールなどの情報を登録する。その情報と蓄積したノウハウを活用し、ユーザーにとってベストな相手を提案、さまざまな調整をして「最良の結婚」というソリューションを提供する。サポート役の結婚相談所は、コーディネーターとして機能している。

このモデルの収益源は「仲介料」と「登録料」、「サービスのオプション使用料」である。オンラインでのマッチングサイトなどを運営している場合は、それらに加えて、サイトに広告を載せる企業から得られる広告料も収益源となる。モデルの特徴としては、少ない投資と低いリスクによる参入障壁の低さがある。

　また一定規模に達し、そのネットワークを維持する仕組みが整えば、ユーザーが自動的に増え、それに乗じて取引量も増えるという好循環が回りやすい。レバレッジの効いた投資効果を引き出せるモデルといえる。結婚相談所のように、このモデルは一般的だったが、近年のネット環境の進展でモデルのメリットが飛躍的に向上した。

　このビジネスモデルを効果的に機能させる条件が大きく二つある。一点目は、ユーザー同士を数ある選択肢からマッチングさせられるほどの規模を持つネットワークを構築できるかどうかだ。結婚相談所であれば、異性の登録者が数人しかいなければ、理想の相手と出会える確率は非常に低くなる。そのような場では取引も生まれず、「調整」自体が機能しない。それを機能させるには「ネットワークの構築」が必須で、第一条件となる。そのためには「ネットワーク参加に対するハードルダウンと退会防止の両輪を達成するサポート機能」が求められる。幅広いメニュー、登録料・オプションなどの価格設定、困った時の相談場所の設定など、「ユーザーがそこにとりあえず登録しておく」という状況をつくるための努力が必要だ。

　二点目は、「マッチングのためのコア技術の保有」である。ユーザーの特性・ニーズを把握するのはもちろんだが、それをいかにして詳細に把握し、「双方に」メリットがあることを示せるか。それにはニーズの枠組みの種類によって見える形は違うが、確かなマッチング技術が必要なのである。結婚相談所なら、ベテランのコーディネーターが持つ「プロフィール情報だけでなく、実際に面談した際に得られる情報も加味した、総合的な人間把握力」である。マッチングのコア技術がなければ、「あの相談所は自分にとって、いつもピント外れな相手を提案してくる」という評価が蓄積し、取引は成り立たなくなる。

なお、このモデルはプラットフォームモデルと相似しているが、コーディネーションモデルは「第三者が介入し、マッチング・調整を行う」という点が違い、そこに付加価値がある。ただし、ＡＩ技術の向上などで、マッチングがよりオートマチックかつシステマチックにできるようになれば、第三者の介入が不要になり、将来的にはその境界線は消失していく可能性が高い。

〈コーディネーションモデル〉の一般事例・類似事例

コーディネーションモデルは多くの業界で見られる。その代表例を二社紹介したい。まずは人材紹介会社のリクルートエージェントである。

人材紹介業のビジネスモデルは、「自社に適した人材を採用したい会社」と「自身のニーズに合った会社に就職したい個人」を、コーディネーターである紹介会社がマッチングさせるものである。主な収益源は、マッチングした両者の間で雇用契約が結ばれた際に得る成功報酬型の紹介料、もしくは採用フローの中で段階的に発生する前払い式の報酬である。この業界はビジネスモデルが非常にシンプルで分かりやすいため、差別化のポイントは「人材募集企業には多くの採用候補者を、転職希望者には幅広い業種・職種の選択を可能にするネットワークの構築」と「求人側・求職側それぞれの持つ特徴・ニーズを正確に把握し、最高の雇用契約に行き着くまでのマッチング技術」の二点に絞られる。その中で、リクルートエージェントはネットワーク構築において業界トップクラスの求人数を誇る。また、豊富な転職成功経験から抽出したノウハウを駆使し、社員のマッチング技術力を向上させ、差別化を図っている。

先に具体例で述べた結婚相談所については、コーディネーションモデルの代表的な業界で優秀な企業は多くあるが、その中でも、ＩＢＪメンバーズを紹介したい。結婚相談所が会員から成果として求められるのは「成婚」であり、その指標となるのが「成婚率（その結婚相談所を利用している全会員の中で成婚に至った会員の割合）」である。ＩＢＪメンバーズでは、他社が二〇％台のところ、五〇％超という圧倒的な実績を残している。その成功要因は「徹底的なマッチング品質の重視」にあると考えられる。

業界最大級の会員登録数の中から、データマッチングとカウンセラーによるマッチングで成婚を導くが、特に「一人ひとりにこまやかなサポートを行う」ため、カウンセラー一人当たりの担当数を六〇名としている点は圧巻である。このマッチング品質向上が成果につながり、顧客の信頼へとつながり、成長を続けている。

成田デンタルのビジネスモデル

「すべては患者様の笑顔のために」をミッションとし、コーディネーションモデルで成長を続けるのが、歯科技工専門総合商社の成田デンタルである。

歯科技工物とは、機能が失われた歯に対し、機能復活や補助をするもので、具体的には入れ歯、インプラント、歯並びの矯正装置、マウスピースなどがある。歯科技工物の作成については、歯科医師と技術者である歯科技工士の二者が関係する。患者と直接向き合う歯科医師が患者の状況を踏まえ、歯科技工士に発注↓製造したものを、歯科技工士から歯科医師へ納品という流れで、歯科技工物は流通する。

だが、歯科医師と歯科技工士の間でベストなタッグが組まれるには課題があった。歯科医師は患者に最良なものを提供したいと考えているが、エリアが固定で情報入手も限定され、「技術力のある歯科技工士と付き合いたい」「○○の技術を持つ歯科技工士に発注したい」といったニーズに合致した歯科技工士がなかなか見つからない。そのため患者に提案できる歯科技工物の幅も狭くなり、患者の満足につながりにくかった。

歯科技工士側からすれば、仕事は受注ありきであり、スポット的で安定しないことが課題である。数多くの歯科医師と付き合えば仕事は増えるが、そのための営業コストがかかる。また、患者のタイプに合わせて注文が来るため、超少量多品種の生産になりがちで、受注変動も激し

図表3-8　成田デンタル「成田リンクシステム」

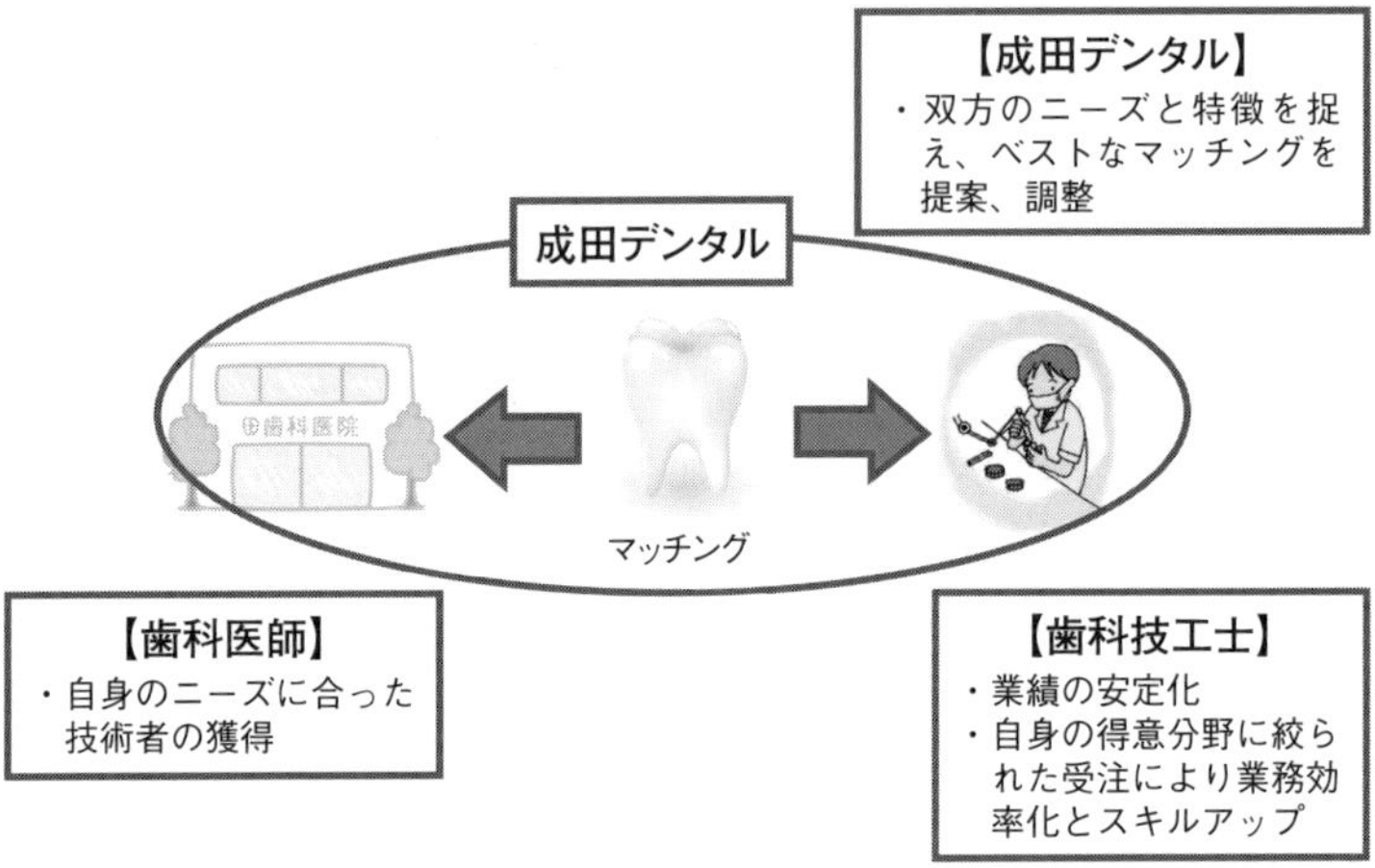

く品質が安定しづらい。できれば、自身の得意な技術を専門分野として安定的に受注し、スキル向上と業績安定化の両方を達成したいとの思いがある。

そのような課題を察知した上で、双方の間を取り持ち、解決に導くのが成田デンタルの「成田リンクシステム」だ。同社は歯科技工物商社のパイオニアである。従来、歯科技工物業界は歯科技工士という製造側と販売側（営業）の両方を併せ持つ「製販一体」企業しかなかった。しかし、歯科技工士が営業を兼ねるよりも、その職人的な気質・特性を生かすため歯科技工士は製造に注力し、営業機能は専門組織が受け持つべきとの考えに至り、「製販分離」を行い営業に専念するべく立ち上げたのが成田デンタルである。

成田リンクシステムでは歯科医師と歯科技工

図表3-9　成田デンタルのビジネスモデル・コンポジション

使命（Mission）		すべては患者様の笑顔のために
ビジネスモデル（Business model）		コーディネーションモデル
本質的価値（Essential value）		パートナーコーディネーション
価値創造システム（Value Creating System）	コア・コンポーネント（Core component）	歯科技工士ネットワーク
	キー・コンポーネント（Key component）	双方の顧客ニーズ・情報の把握
	サブ・コンポーネント（Sub component）	歯科医院へのサポート体制、歯科技工士への情報提供、自社開発製品、「成田リンクシステム」
価値を享受する人（Value taker）		歯科医師、歯科技工士、患者

士の間に立ち、成田デンタルが持つ歯科技工士ネットワークの中から、歯科医師のニーズに合わせた最適な歯科技工士をマッチングすることで、歯科医師側には「最適な歯科技工士との出会い」を、歯科技工士側には「成田リンクシステムが生み出す、自身の得意分野に合わせた、安定的な受注」を提供し、双方の課題を解決している（**【図表3-8】**）。

成田デンタルは歯科医師と歯科技工士の双方の最高の出会いを生み出すという「パートナーコーディネーション」が、本質的価値となる。それを支えるコンポーネントは次の通りである（**【図表3-9】**）。

同社の価値創造システムのコア・コンポーネントは、ベストマッチングを生み出す基盤となる「歯科技工士ネットワーク」である。モデルの根幹となるネットワークづくりでは、提携技工所一五〇社以上、歯科技工士一〇〇〇名以上というネットワークをつくり、歯科医師のどのようなニーズにも対応できる豊富な選択肢が用意できている。

そして、キー・コンポーネントは「双方の顧客ニーズと情報の把握」である。双方のニーズを把握し、ベストなマッチングを生み出す「マッチング・コア技術の保有」があるからこそ、独自のネットワークが生きてくる。成田デンタルのモデルの場合は、各営業社員に対して歯科医師・歯科技工士と同等の立場に立って話ができるような歯科の医学・技術知識、また相手からニーズを引き出すコミュニケーションスキルが必要である。

そのため同社は確実な教育体系を組み、営業としてのマナー・コミュニケーションスキルを学ぶ「アソシエイト研修」と、医学・技術知識を学ぶ「テクニカル研修」に分け、万全の教育体制を整えている。営業社員（成田デンタルではアソシエイトと呼ぶ）のマッチング技術がネットワーク基盤を最大限に生かしている。

また、同社は発注側の歯科医師に対するサポート体制も整えている。医師によってはうまく歯科技工物について説明することができない場合がある。その点を、同社は患者説明用ツールを作成・提供したり、患者満足度向上のための無料セミナーを開催したりすることで協力している。その他、自社オリジナル製品の開発にも注力しており、それが歯科医にプラスアルファの収入および患者の顧客満足につながっている。これらのサブ・コンポーネントが一体となって成田リンクシステムの魅力となり、より強固な基盤が整備されていく。

4　ダイレクト・コネクティングモデル

〈ダイレクト・コネクティングモデル〉のロジックと概要

ダイレクト・コネクティングとは、従来のビジネスプロセス（バリューチェーン）に存在していた中間チャネルを飛び越えて、直接、最終顧客に自社の商品・サービスを販売することにより高収益を上げるモデルである。このビジネスモデルは、ICT技術や配送サービスの発達によって、これまで多段階のチャネルを通じて販売していたさまざまな業界でも、〝直販〟が実現可能となっている。

次に二社の事例を後述するが、両社の強みの共通点を先に述べると、直接消費者を押さえ、マーケティング・商品開発機能、強固なサプライチェーン・マネジメントを構築したことにある。バリューチェーンの垂直統合（バーティカル・インテグレーション）ではなく、仮想統合（バーチャル・インテグレーション）であり、どんどん「つながる（コネクティング）」ことによって、無駄を排し、模倣困難性＝競争力を高めてきたモデルといえる（【図表3‐10】）。

顧客は消費者、そしてサプライチェーンに統合されている仕入れ先となる。消費者の享受する価値は、よりよいものが安価で手に入ること。また仕入れ先にとっては、在庫のロス（機会損失）を低減して製品を提供でき、最新技術や最新情報も取り込めることにある。

〈ダイレクト・コネクティングモデル〉の一般事例・類似事例

このモデルは、法人向けにコンピューターを直接販売する仕組みをつくったデルが先駆けである。それは「デル・ダイレクト・モデル（デル・モデル）」と呼ばれた。インターネットの普及に伴い、デル・モデルの効率は一層加速され、サービス提供のスピード、価格、より高度なカスタマイズへの対応など、あらゆる側面でユーザーのバリューを高めていった。

中間業者を飛び越えて直接販売することにより流通コストをカット。また調達から製造、物流に至るすべてのプロセスで効率性を追求したサプライチェーン・マネジメントを展開することにより、デルは他社よりも高い品質・機能・仕様を備えた製品を提供することができた。

また、一台ごとに仕様が異なるデルの製品情報は、受注と同時に社内のデータベースに蓄積され、その製品・顧客データベースに基づいて、テクニカル・サポートスタッフがきめ細かいサポートを提供する。常に顧客の生の声を聞くことによって、日々新しい、よりカスタマイズされたサポートプログラムを開発していった。

加えて、完成品の在庫を持たず、徹底して効率を追求したサプライチェーン・マネジメントを実践したデルは、業界屈指の低在庫水準となる「在庫日数三日」を実現。これにより、間接販売を行う競合他社に先んじて、常に最新技術をいち早く製品化・量産し、かつ低価格で提供することができた。

図表3-10　ダイレクト・コネクティングモデルのイメージ

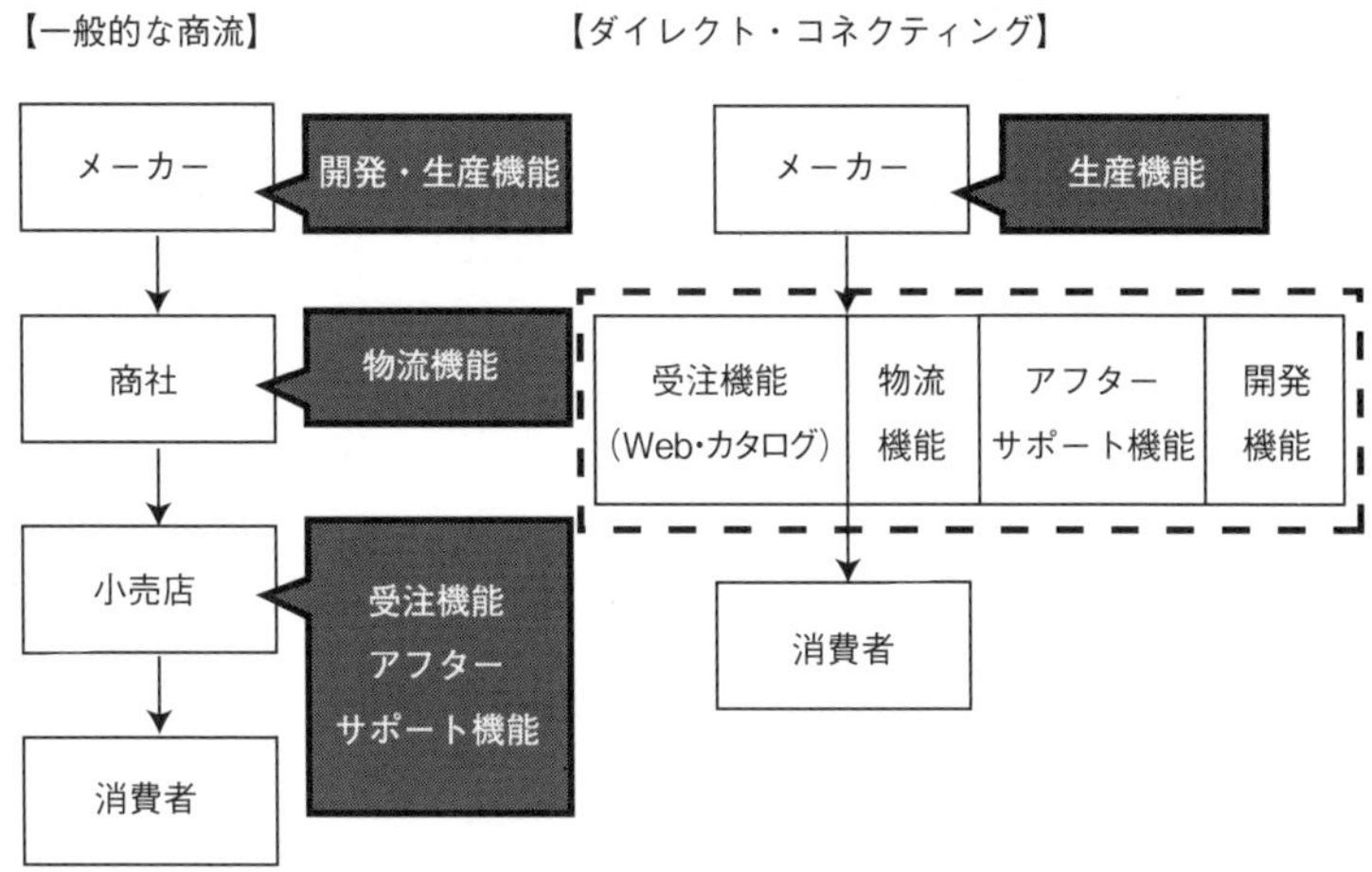

同様のモデルとして、日本ではアスクルが挙げられる。アスクル事業は、もともとオフィス用品メーカー・プラスのカタログ販売部門だった（現在はヤフーの連結子会社）。一九九〇年、プラス社内で発足した「ブルースカイ委員会」が原型である。委員会の目的は、効率的な流通構造を考えることだった。当時の文具・オフィス用品の流通システムはメーカー→一次卸→二次卸→小売店という多階層構造であり、各段階で仕入れや在庫管理、営業などの機能が重複し、非効率なシステムであった。そこで、ロスのない効率的なシステムを考えた結果、生み出されたのがダイレクト・コネクティングモデルである。

このモデルでは、文具店の店頭に足を運ぶ以外に事務用品の購入手段がなかった少人数規模の中小事業所をターゲットに設定。また、効率的に販売・代金決済・顧客開拓を行うため「エージェント制度」を導入した。同制度は、地域の文具店をアスクル正規取扱販売店（エージェント）とし、顧客開拓や債権管理、代金回収などを任せるものである。一方アスクルは、カタログの発送や注文の受け付け、商品配送、問い合わせ対応などを行う。販売・回収・配送・新規開拓など一連の流通における役割を、自社単独ではなく他社と分担する仕組みである。

ライフスタイルアクセントのビジネスモデル

ライフスタイルアクセントは熊本市に本社を構える、二〇一二年設立のベンチャー企業だ。日本初の工場直結のファッションブランド『ファクトリエ』を立ち上げ、ＥＣ（電子商取引）サイトと実店舗で販売している。具体的には、世界の有名ブランドから生産委託されているアパレル工場と提携し、そこで生産されたオリジナルデザインの製品を、商社や卸など中間業者を介さずに消費者へ直接販売する、「工場直販」ビジネスを展開している【図表3 - 11】。

同社のミッションは「世界から評価される〝メイド・イン・ジャパン〟を守る」。日本製品は、その品質の高さから世界的に評価が高い。「メイド・イン・ジャパン」の原産地表示が高品質の証しにもなっている。これはアパレル分野でも同様だ。だがアパレルはミシンがあればできる軽産業のため、アパレルメーカーは効率性を求めて途上国へ製造拠点を移転。製品の海外生産が進んだ結果、衣類の輸入浸透率は九七・二％（二〇一四年、日本繊維輸入組合調べ）と、一九

図表3-11　ファクトリエの工場直販モデル

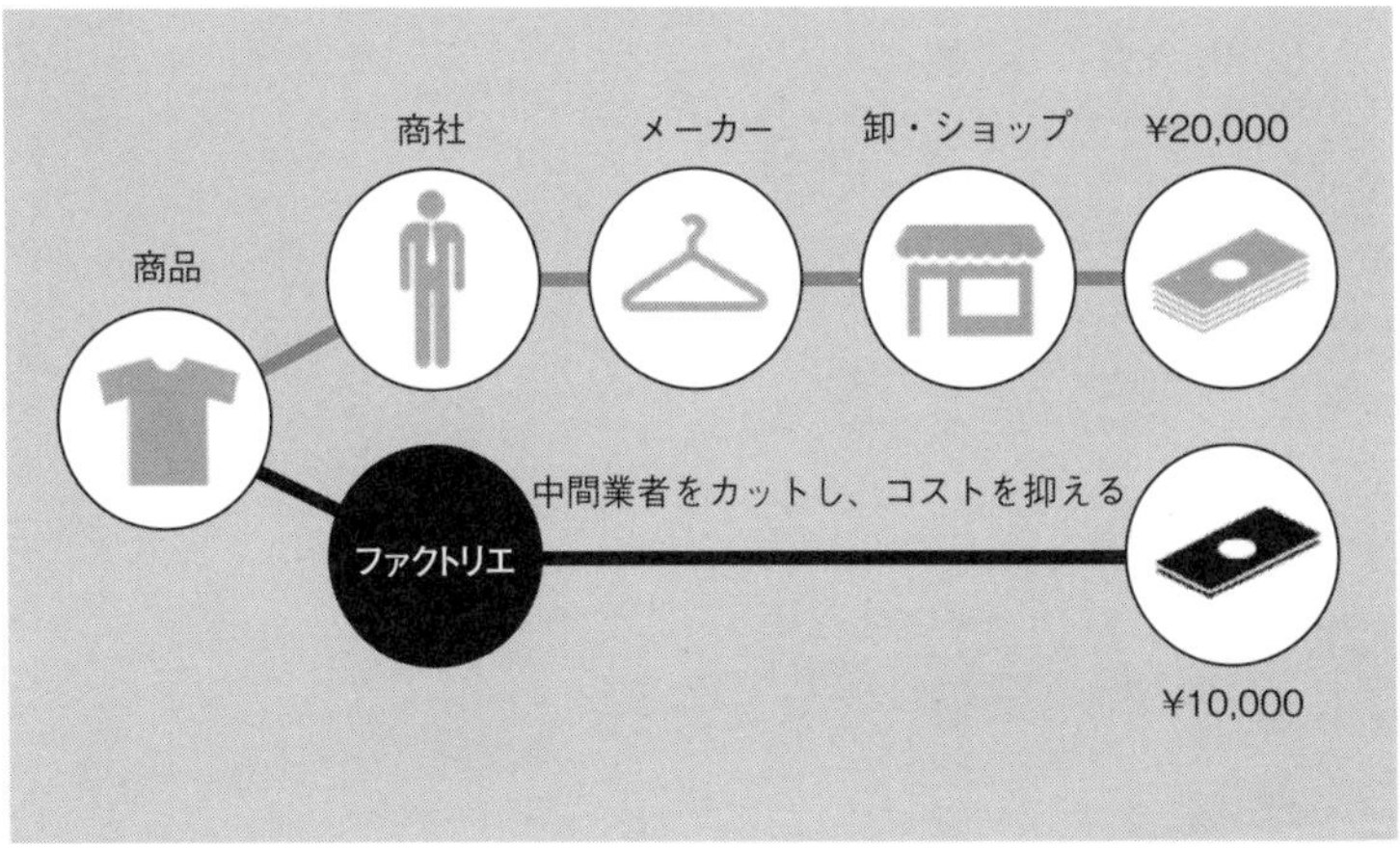

出典：ライフスタイルアクセント「ファクトリエ」サイトよりタナベ経営作成

九〇年に五〇％あった国産比率は今や三％にも満たない。高品質でこだわりのある日本製が減り続け、低価格化が進行し、日本人の服に対する価値観が大きく変化した。今、日本国内では毎年四〇億着の服が供給され、うち半分の二〇億着が誰も袖を通さずに捨てられているという。このままでは、世界に誇るメイド・イン・ジャパンが失われてしまう。

「効率を追うと後進国、機械に置き換えられる。面倒なモノづくりは今の世の中、疎まれる。だが、これしか生き残る道はない。ブランドは非効率なモノづくりからしか生まれない」（同社の山田敏夫社長）。世界のファストファッションは時給一三セントでしか成り立たないといわれるほど低価格が進んだ。そんな負のサイクルにある工場の匠の技と消費者を直接つなげることができれば、正のサイクルに変わりメイド・イン・ジャパンが復興する。こうした状況に変えていくことが同社のミッションである。

同社は、クラフトマンシップ（職人魂）を理解するデザイナー一〇名が生み出すイマジネーションと、有名アパレルブランドのタグに隠れた〝名もなき一流の工場〟が生み出すイノベーションをマッチングさせ、マーケットインではなく「プロダクトアウト」による高質な価値をECサイトで直接消費者に伝えている。同社のサイトは、アパレル工場のECサイトでもある。このモデルによって提供される本質的価値は、「ブランディング・エバンジェリスト」といえる。エバンジェリストとは、キリスト教の伝道者を指すが、ビジネスでは自社の技術やサービスなどの価値を伝えるプロフェッショナルに使われる。つまり、同社は一流の工場がつくる無名の製品にブランド価値を付加し、消費者にその素晴らしさを伝えているのである。

その本質的価値を支えるコンポーネントは【図表3-12】の通りである。まず、コア・コンポーネントは「一流アパレル工場との共同開発」。世界各地の有名ブランドの下請け企業が、日本の各地に点在している。同社の山田敏夫社長は、そうした全国の工場を三五〇軒訪問し、高い技術力とプライドを持つ五〇工場とだけ提携している。製品には、「ファクトリエ」のブランド名とともに、その工場の名前も入れている（「Factelier by 工場名」）。

キー・コンポーネントは、「価格決定権は仕入れ先」ということだ。通常、アパレル製品は工場で生産されて店頭に並ぶまで、多くの中間業者が介在している。価格決定権を握るアパレルメーカーや小売店が低価格競争に走れば走るほど、そのしわ寄せが工場にくる。この状況を変

図表3-12　ライフスタイルアクセントのビジネスモデル・コンポジション

使命（Mission）		世界から評価される〝メイド・イン・ジャパン〟を守る
ビジネスモデル（Business model）		ダイレクトコネクティングモデル
本質的価値（Essential value）		ブランディング・エバンジェリスト
価値創造システム（Value Creating System）	コア・コンポーネント（Core component）	一流アパレル工場との共同開発
	キー・コンポーネント（Key component）	価格決定権は仕入れ先
	サブ・コンポーネント（Sub component）	フィッティングルームによる採寸（オーダーメイド）、インターネット販売のみ、中間流通を省いたコストパフォーマンス
価値を享受する人（Value taker）		一流の技術を持つアパレル工場、良い品物を安く買いたい中間所得層～富裕層、こだわりを持つ消費者

えるべく、同社は価格決定権を工場に与えるとともに、中間業者を排除し、工場と消費者をダイレクトに結んでコストを抑えている。その結果、一流ブランド品の二分の一という低価格を設定しても、工場は下請け生産と比較にならないほどの利益が出る。そのため工場で働く従業員の待遇面は改善され、仕事に対する誇りが生まれ、細かい部分まで手の込んだ仕事をするようになり、品質が向上していく好循環も生まれてくる。

そしてサブ・コンポーネントが、「フィッティングルームによる採寸（オーダーメイド）、インターネット販売」だ。同社は現在、オムニチャネル（実店舗とインターネット通販の融合）方式の「POP‐UP EC」モデルを推進している。これは、小売店と提携してファクトリエブランドをインショップ（店舗内店舗）で展開するもので、店舗ではサンプルの試着のみとし、購入する場合は店頭に置いたタブレット端末を使って同社ECサイトで注文する（商品は後日に倉庫から発送する）。

同社は開店に要する固定費用をかけることなく顧客接点（コンタクトポイント）を増やせるほか、店舗に置くのはサンプルのみのため在庫リスクがないというメリットがある。提携する小売店も在庫スペースを確保する必要がなく、買い取り仕入れではないため新商品の展開や入れ替えが容易に行える。また新規顧客の集客や既存顧客への新規提案で、売上げ増加を期待できるというメリットがある。同社はPOP‐UP EC形式の海外出店にも乗り出しており、二〇一七年一月に台湾のツタヤブックストア信義店内に海外一号店を開店させた。

同社の本質的価値を享受しているバリュー・テイカーは誰か。それは「一流の技術を持つアパレル工場、良い品物を安く買いたい中間所得層～富裕層、こだわりを持つ消費者」などである。消費者は、一流ブランドと同等の品質を持つ商品を、リーズナブルに購入できればうれしい。また、ファクトリエでの買い物によって、直接日本のモノづくりを支援しているという社会的満足感も得られる。アパレル工場も価格決定権を持つことにより、継続発展に必要な利益が残る。同社との提携によって、新卒採用を再開した工場も多いそうだ。

5　エリアドミナントモデル

〈エリアドミナントモデル〉のロジックと概要

エリアドミナントは、エリアを絞り込む、または経営資源を一点集中することによって、たとえ弱者であっても競争優位性を持つことができるビジネスモデルだ。つまり、限定された地域の中で、集中的に複数の店舗や施設を出店し、シナジー効果によって魅力を高め、ライバルが進出する隙間をなくして、地域の顧客や需要を総取りする。

メリットは、物流コストの低減、人の移動コストの低減などにより、経営効率が上がることだ。また、市場占有率（マーケットシェア）とともに認知度（マインドシェア）が上がり、効果的なブランディングも可能となる。それによって広告費や人材採用コストも低減できる。

さらにエリアを自らつくり上げ、そこに入ればすべてその企業の収益に結び付くような仕組みを構築する局所ドミナントモデルも存在する。より限定されたエリアで、顧客を飽きさせない仕掛けやコンテンツの入れ替えを行い、かつ周辺事業によるシナジーを発揮することでブランド価値を高め、リピーターを増やす安定収益モデルである。

〈エリアドミナントモデル〉の一般事例・類似事例

東京・神奈川・大阪の都市部で展開する酒類小売店のカクヤスは、有店舗型エリアドミナントモデルといえる。同社は指定エリアに住む顧客に対し、お酒一本でも無料配送するサービスが好評で、核家族化が進む都市部で顧客価値を発揮している。このサービスは郊外やエリアを広げすぎると採算とサービス品質が担保できない。また一店舗だけでは宅配効率が悪い。このサービスを可能にするためには人口が集中するエリアに限定し、複数店を展開して指定エリア外周近くの宅配を相互にカバーするエリアドミナントが必要不可欠なコンポーネントとなる。

エリアドミナントの局所モデル事例としては、オリエンタルランドの「東京ディズニーリゾート」が挙げられる。もちろん、ディズニーという圧倒的な優位性を持つブランドを保有していることが最大の強みではあるが、一九八三年の開業以来（東京ディズニーランド）、さまざまなアトラクション施設を導入するほか、多彩なイベントを実施することで価格を上げながらも年々、来場者数を伸ばしている。さらに二〇〇一年には「東京ディズニーシー」を開業、ディズニーランドとのシナジーを発揮している。また、優雅なリゾートステイが味わえるウエディングもできるデラックスタイプのディズニーホテルを三施設、手軽にリゾートステイを楽しめるバリュータイプのディズニーホテル一施設を構え、顧客価値を高めている。魅力的な局所限定エリアをつくり上げることによって、圧倒的な収益モデルを構築している。

アルファスグループのビジネスモデル

アルファスグループは、新潟県内で調剤事業、介護支援事業、障がい者支援事業、シナプソロジー（認知機能の低下を防ぐ脳活性化プログラム）事業、飲食事業、ケータリング事業など、幅広いトータルケアサポートを展開し成長している。同グループのミッションは、「医療と介護の原点はやさしさ」である（**【図表3 - 13】**）。同グループは、調剤薬局を中心に事業展開をしているエヌ・エム・アイと、介護支援事業を営むクレアメディコで構成され、三年前からアルファスグループとして活動している。一〇年以上も連続増収増益（二〇一七年三月期時点）を実現している新潟のヘルスケア業界におけるリーディングカンパニーである。

アルファスグループの本質的価値は「限定エリア内のトータルヘルスケアサポート」である。同グループの創業者は、利用者にとって価値ある事業展開をすることはもちろん、開業医や地主、不動産企業、また建物を建てる建設企業にとってもメリットが出る方法はないか、と考えた結果、現在の事業を創り上げた。その価値創造システムを構成するコア・コンポーネントは「メディカルエリア総合プロデュース力」だ。開業を考えるドクターの情報から、実際の介護支援を提供するまでを総合的に組み立てるプロデューサーが社内に存在していることである。

具体的には、地域に不動産を多く持ち、どのように土地を活用しようかと迷っている地主と連携し、調剤薬局にさまざまな医院と介護施設を併設する「メディカルゾーン」を展開してい

図表3-13　アルファスグループのビジネスモデル・コンポジション

使命（Mission）		医療と介護の原点は やさしさ
ビジネスモデル（Business model）		エリア（局所）ドミナントモデル
本質的価値（Essential value）		限定エリア内のトータルヘルスケアサポート
価値創造システム（Value Creating System）	コア・コンポーネント（Core component）	メディカルエリア総合プロデュース力
	キー・コンポーネント（Key component）	医師への開業〜事業承継までの コンサルティングサービス
	サブ・コンポーネント（Sub component）	さまざまな診療医院、調剤薬局、介護施設
価値を享受する人（Value taker）		開業医、医療機関利用顧客・要介護支援者の家族＋地域住民

る。従来の調剤薬局の出店モデルは、開業医の建物と隣接させてもらい、その上で必要なフィーを払うというものだったが、同グループはこれを一変させたのだ。すなわち、地主から仕入れた遊休地をメディカルゾーン（地域密着型の医療ゾーン）として整備し、開業医が必要とする建物まで用意。入居する開業医は家賃を支払うというシステムを展開しているのだ。

開業を希望するドクターと不動産企業、地主と連携して、アルファスグループが「メディカルゾーン」の総合プロデュースを行い、街全体の活性化にも寄与している。地域住民からは喜ばれ、開業医にとってよし、地主にもよし、長期間かつ安定的に家賃が入るため不動産企業にもよしと、まさに〝四方よし〟のビジネスモデルである。

キー・コンポーネントは、ドクターに対する開業支援から、事業承継に至るワンストップのコンサルティングサービスが仕組み化されていることだ。引退する開業医と新規開業を目指すドクターをつなぐシステムと情報を有しており、事業承継ニーズにも的確に応えている。

そしてバリュー・テイカーは、開業を目指すドクターや医療機関をワンストップで利用できる患者、介護支援が必要な高齢者や入院患者とその家族、地域住民、不動産企業などである。多くの患者を救いたいとの思いで開業を志すドクターが、開院資金の大きさから夢を諦めるケースも少なくない。同グループが提供するモデルは、そうしたドクターが大きな投資をせずに開業できるばかりでなく、地場の不動産企業にとっても長く利用してもらえる家主（ドクター）を確保することができる。また土地を提供する地主においても、自分の遊休地が医院や各種介護施設をワンストップで利用できるエリアに変わり、地域住民から感謝されることになる。

6　サービスドミナントモデル

〈サービスドミナントモデル〉のロジックと概要

ドミナントは、「支配的な」「優勢な」「主要な」を意味する英語である。ビジネスモデルでは、製品や商品そのものよりも、それに付随するサービスのほうにこそ価値の優位性があり、それが提供価値の大きな部分を占めていると定義できる。エリアドミナントが、限定された地域内

図表3-14　サービスドミナントモデルのイメージ

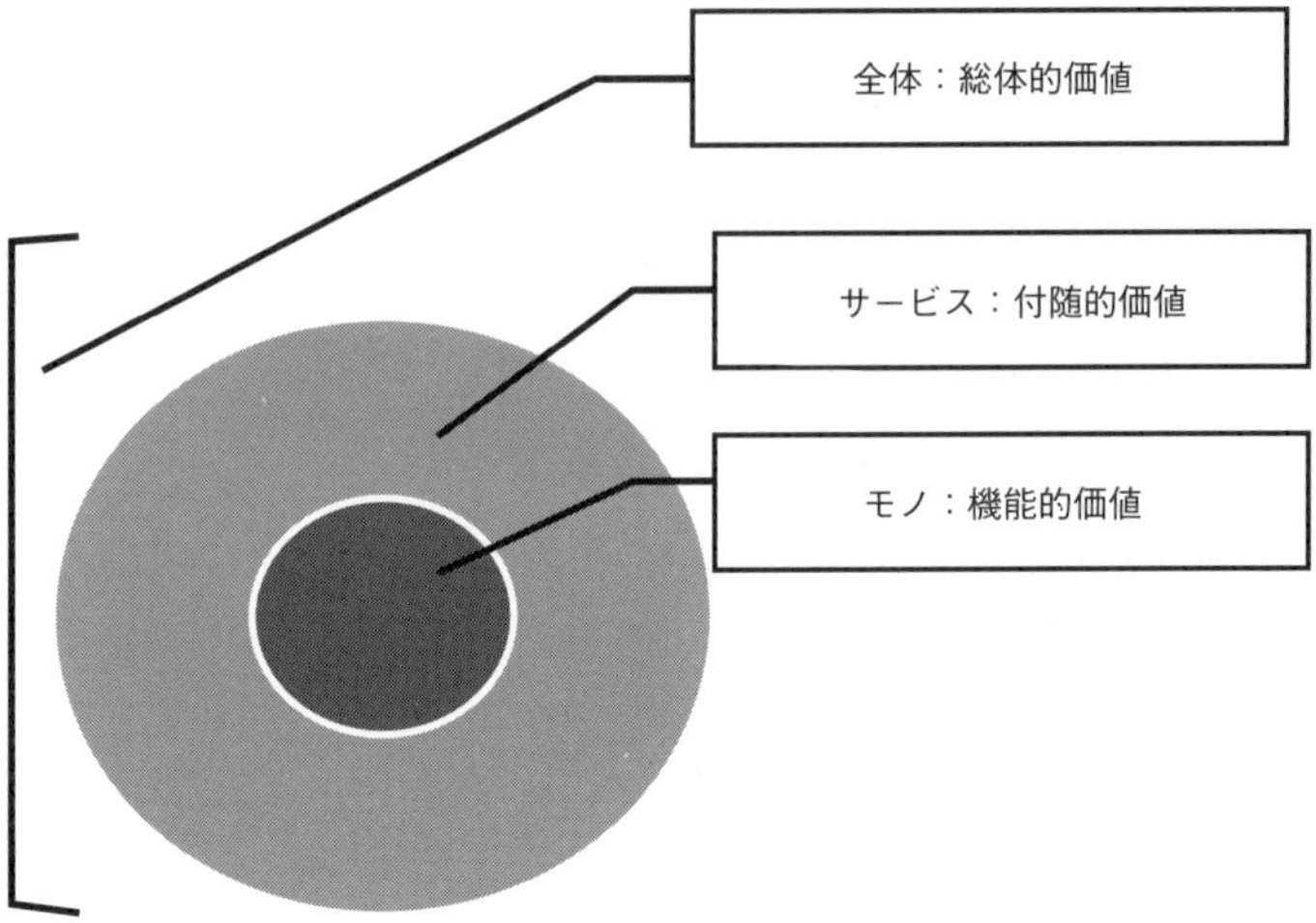

で「支配的な」ポジションを確立するモデルであるのに対し、サービスドミナントは、提供価値の中に占めるサービス部分の割合で「支配的な」ポジションを確立するモデルを意味している。

日本では、かなり以前から「モノではなくコトを売る」のが大切だと提唱され続けている。モノは製品や商品そのものであり、コトとはその製品・商品が生み出す価値およびコンセプトである。コトを追求していくと、事業領域の拡大や付随サービスの拡充に行き着く。実際、モノ余りの時代である今は、モノでの差別化が極めて難しい。自社で独自製品を開発できるメーカーでさえ、知的財産権などで守られていない限り、競合他社や新興国メーカーにすぐ低価格の類似製品を市場でリリースされる。まして、自社で開発機能を持たない卸売業や小売流通業などにとって、モノの差別化は不可能に等しい。

この環境の中、モノに付随する形でサービスを提供し、そのモノの価値を飛躍的に向上させ、それを一体として顧客満足を得るビジネスモデルが、サービスドミナントモデルである。

サービスドミナントモデルと一口にいっても、収益モデルはさまざまである。モノを安く販売する代わりにサービス価格を高く提供するケースもあれば、モノ自体の価格を高く設定し、サービスを無償化するケースもある。どのケースが最も顧客価値と自社の収益を最大化できるかを見極めた上での価格設定が重要である（【図表3－14】）。

〈サービスドミナントモデル〉の一般事例・類似事例

サービスドミナントモデルの事例として、トヨタ自動車の高級車ブランド『レクサス』を挙げる。レクサス販売店は全国に一八二店舗（二〇一七年七月一日現在）ある。日本には数多くの自動車ディーラーが存在するが、入り口にドアマンが一日中立っているのはレクサスだけだ。

レクサスはトヨタが世界に誇る最高級車であり、最高レベルの品質と機能を兼ね備えているが、それだけで長い歴史と輝かしいブランドを有する高級外車のシェアを奪えるわけではない。そのため、トヨタは他社を圧倒するきめ細かなサービスをレクサスに付加することによって、競争優位を高めている。

具体的には、二四時間三六五日対応のコールセンター、担当セールスコンサルタントとオーナーのコミュニケーションツールであるWebメール送受信システム、セキュリティーシステムや万一のトラブル対応など、三年間無償（四年目以降は有償）でサポートするテレマティクス（双方向通信）サービス「G-Link」などである。G-Linkは、事故や故障などのトラブルに対応する「レクサス緊急サポート24」、事故や急病の際に警察や消防への緊急通報をサポートする「ヘルプネット」、遠距離から愛車を見守る「G-Security」、定期点検やメンテナンスの案内などをメールで知らせる「リモートメンテナンス」などで構成される。

また、アメージング・エクスペリエンスという、体験を通じてレクサスの世界観を知ってもらうと同時に、大人の遊び心を刺激する付加価値の高いサービスを提供している。例えば、ドライビングレッスン、自動車レース「スーパーGT」や全米オープンゴルフ選手権などの観戦ツアー、プロゴルファーとラウンドできるゴルフコンペなどである。体験が終わり車に戻ると、無料点検と洗車が行われており、車中には点検内容に添えて車検案内や修理・買い替え促進などの提案書が置いてある。モノだけでなく、サービスを付加して安心・安全・快適という総体的価値を生み出しているサービスドミナントの好事例である。

コマツの機械稼働管理システム「コムトラックス」も、代表事例の一つだ。コムトラックスは携帯電話網などの無線通信ネットワークを使って、GPS（衛星利用測位システム）による位置情報や車両情報などを収集するシステムである。

盗まれた建設機械でATM（現金自動預払機）を破壊する強盗事件が話題になった一九九〇年

代半ばに、建機の盗難対策として研究開発されたのが起点である。その後一九九八年に実機実証テストを行い、九九年から国内のレンタル建機向けで市場導入、二〇〇一年に標準装備となった。建機から情報を取得することによって、保守管理・移動管理・省エネ運転・車両管理・帳票管理に至るまで、顧客にさまざまなサービスを提供している。担当者の足ではなくIoT（モノのインターネット）によって情報を集めることで、顧客の困りごとや次のサービス展開のヒントが見えてくるのである。ITを通じて顧客に密着し、総体価値を生み出すサービスドミナントといえるだろう。

でんかのヤマグチのビジネスモデル

でんかのヤマグチは、東京オリンピック開催翌年の一九六五年に東京・町田市で創業した、パナソニック製品を主体に販売する街の電器店である。「お客様にトコトン尽くし、心の商いを実践する」をミッションとし、相次いで地元へ進出してきた大手家電量販店に独自のサービスで対抗し、価格競争に陥ることなく高い顧客満足と収益性を実現している。

同社は、利用顧客に十分な安心サービスを徹底するため、事業を過度に拡大しないことを方針としている。町田市および相模原市と周辺の顧客に、「便利な電器屋・トンデ行くヤマグチ」をモットーに、他社の追随を許さない過剰ともいえるサービスで、顧客価値を向上させている。

このビジネスモデルによって、でんかのヤマグチが創出している本質的価値は、「ライフサポ

図表3-15　でんかのヤマグチのビジネスモデル・コンポジション

使命（Mission）		お客様にトコトン尽くし、心の商いを実践する
ビジネスモデル（Business model）		サービスドミナントモデル
本質的価値（Essential value）		ライフサポートパートナーシップ
価値創造システム（Value Creating System）	コア・コンポーネント（Core component）	徹底したサービス
	キー・コンポーネント（Key component）	拡大しない戦略
	サブ・コンポーネント（Sub component）	高売り、「超」地域密着御用聞き、定例企画（毎週土日イベント、バスツアー）
価値を享受する人（Value taker）		商圏内の家電が苦手な高齢者

ートパートナーシップ」である。この本質的価値を提供するための価値創造システムのコンポーネントは【図表3-15】の通りだ。

まず、コア・コンポーネントは「徹底したサービス」である。営業社員は一人当たり約四〇〇～五〇〇〇世帯、店の販売員は五〇〇～七〇〇世帯を担当しており、基本的にすべての顧客に担当が必ず付く体制が敷かれている。徹底したサービスを同社では「裏サービス」と呼び、庭の水やりから犬のエサやりまで、なんでも無料で実施している。この裏サービスは営業社員だけでなく、修理・配送・工事担当員も行っている。

二〇年近く続けているが、一〇年たってクチコミで伝わり始め、メディアで取り上げられたことをきっかけに知名度が上がり、一気に浸透した。なお、サービス品質の個人によるバラツキは少ないという。特に施策を講じているわけではないが、新入社員も二、三カ月あればヤマグチ色に染まっていくそうだ。周りが皆同じことを実施しているため、社風にまで昇華されているといえよう。最近では「かゆいところに手が届くサービス」をさらに一歩進め、「かゆくなる前に」を目指している。例えば、エアコンの空気清浄フィルターや浄水器のカートリッジなど、交換時期が近づいた顧客には事前に知らせて交換訪問をスムーズに行うなど、さまざまな取り組みを始めている。

このビジネスモデルの鍵を握るキー・コンポーネントは、同社の「拡大しない戦略」だ。限られた自社の経営資源を商圏内に限定するからこそ、「かゆくなる前の徹底したサービス」が可能となる。拡大路線を推進すると、安売り競争を仕掛ける大手家電量販店と同質化してしまう。

そして、サブ・コンポーネントの一つが、でんかのヤマグチを有名にした「高売りモデル」である。近隣の大手家電量販店が、一円でも安く売るという熾烈な価格競争を展開する中、同社は設定小売価格を貫き、値引きに一切応じない営業スタイルを確立している。実際、規模の経済で圧倒的な値入れ力を有する大手家電量販の粗利益率が二〇～二五％であるの対し、同社の粗利益率は四〇％と倍近い水準を誇る。

また、顧客とのリレーションを継続し、ファンを増やすための「定例企画（毎週土日イベント、バスツアー）」もある。毎週土・日曜日に、三六年間も継続してイベントを実施している。サンマ食べ放題やカツオ祭り、果物・野菜の激安販売など、食に関するイベントが中心である。イベントを実施する理由は、顧客と〝二本のベルト〟でつながることを重視しているためだ。営業担当だけ（一本のベルト）だと、その担当者が辞めてしまうと顧客とも別れることになってしまう。それを避けるために、営業担当だけでなく、会社という〝もう一本のベルト〟をつなぐ。なお、バスツアーは有料である（同業者からは無料でやっていると思われているようである）。「有料のほうが参加しやすい」という顧客の声があったためだが、それでも参加者が途切れることはない。

「ライフサポートパートナーシップ」という本質的価値を享受しているバリュー・テイカーは、このビジネスモデルを支えている顧客層、すなわち「商圏内の家電が苦手な高齢者」だ。人は年齢が六〇歳を超えると、日進月歩で進化する電気機器の使い方が分かりにくくなる。自分の子どもに使い方を聞こうにも、そんなささいなことでは実家に帰ってきてくれない。その子どもの代わりを同社が担当している。そのため「でんかのヤマグチで買えば親の面倒を見てくれる」という目的で、家電製品を同社へ買いにくる人も多いという。最近では日々の美容・健康をケアするための「セルフケアラボ」や、パナソニック製品を中心としたリフォームサービスまで展開している。まさにサービスをドミナント化している典型的な企業である。

7　シェアリングエコノミーモデル

〈シェアリングエコノミーモデル〉のロジックと概要

シェアリングエコノミーとは、「個人が保有する遊休資産（スキルのような無形のものも含む）の貸し出しを仲介するサービス」（総務省「平成二七年版情報通信白書」）のことをいう。ただし、ここでビジネスモデルとして示すシェアリングエコノミーの概念は少し異なる要素も付加し、「個人や法人を含め、購入あるいは保有している資産を市場のニーズに合わせて仲介・提供することと」と定義する。

個人や法人の資産を、市場のニーズに合わせてタイムリーに仲介・提供するためには、「ステージ」が必要である。このステージは、実際に店舗を構えるケースもあれば、インターネット上にプラットフォームとしてサイトを構築するケースもある。

シェアリングエコノミーは、安価に購入・使用できるという経済的（エコノミカル）な効用があるだけでなく、資源や資産を無駄にすることなく活用したいという倫理的（エシカル）な効用がある。モノに満たされ、物的欲望が低下している現代社会においては、特にエシカル消費という観点からシェアリングエコノミーのニーズが高い。

シェアリングエコノミーはさまざまな分野でビジネスとして展開されている。ＣＤやＤＶＤ

図表3-16　シェアリングエコノミーモデルのイメージ

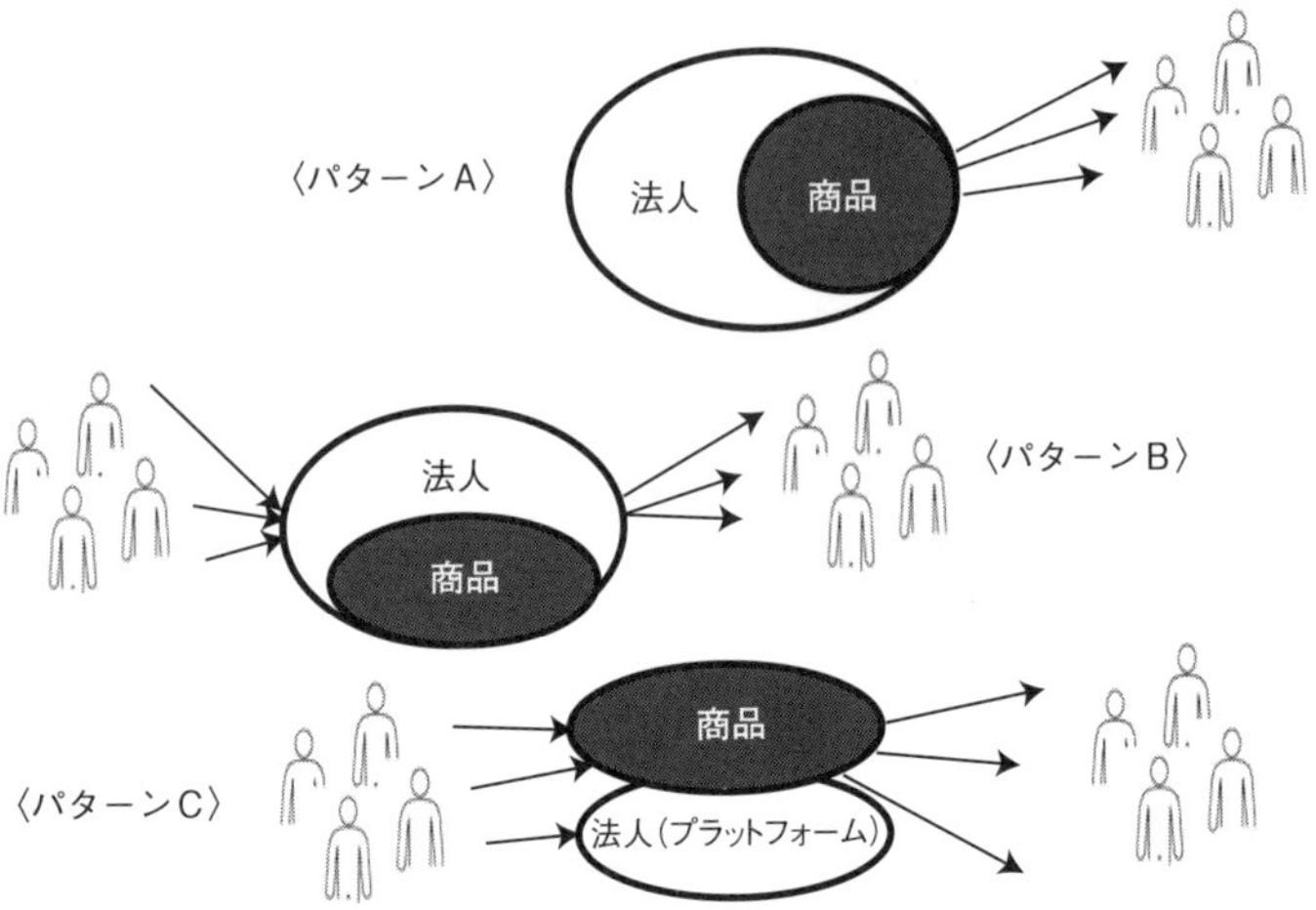

のレンタルショップからレンタカー、カーシェアリング、会員制別荘、リサイクルショップ、そして話題の「民泊」まで含めて、すべてこのモデルに該当する。このモデルは、大きく三つのパターンに分類できる（【図表3－16】）。

〈パターンA〉企業が自社で購入または保有するものを、多数のユーザーにシェアする。
〈パターンB〉一般消費者が不要とする中古品を企業が購入し、リユース品として販売する。
〈パターンC〉一般消費者が不要品を、プラットフォームを通じて他の消費者へ流通させる。

このうちパターンCについては、シェアリングエコノミーをプラットフォームで展開し、一般消費者と一般消費者をつなぐことから「C to C」（Consumer to Consumer＝一般消費者間取引）モデルと呼ばれ、注目されている。

〈シェアリングエコノミーモデル〉の一般事例・類似事例

パターンAのモデル事例としては、総合リゾート企業のリゾートトラストが展開する会員制プライベートリゾートホテル「エクシブ」がある。これは、複数人のオーナーによって所有される仕組みだ。富裕層が別荘を所有する場合、大変なのは経済面よりも管理面である。一年に一度か二度利用する程度でも、手入れをしなければすぐに荒れてしまうため設備や庭のメンテナンスは欠かせない。また、使用の有無にかかわらず高い固定資産税を支払わなければならない。さらに、せっかくの長期休暇で毎回同じ別荘では飽きがくることもある。

リゾートトラストの会員制システムでは、同社が管理する全国二五カ所のエクシブが使用できる（オーナー権のグレードに応じて年間に使用できる日数が設定される）。このシェアリングシステムによって、オーナーは経済的負荷が軽減されるだけでなく、風光明媚なさまざまなリゾート地で、管理の行き届いたラグジュアリーなリゾートホテルに宿泊し、リフレッシュすることができる。

またパターンBのモデル事例としては、中古車買い取り・販売最大手のIDOM（イドム、旧ガリバーインターナショナル）がある。同社は店舗で買い取った車をオートオークション（業者間中古車競り市場）に出品する独自の卸売りビジネスモデルで成長。一九九四年の設立からわずか六年という当時最短記録で東証二部上場（現在は東証一部）を果たした、日本唯一のハイパーグロスカンパニー（設立一〇年以内に売上高一〇億ドルを達成した超成長企業）である。現在は中古車買い取り・販売だけでなく、高級中古車販売、中古車個人売買サービス、月額定額制クルマ乗り換え放題サービス、新車ディーラー事業など、自動車流通を軸に事業を拡大している。

一方、パターンCに該当するC to Cビジネスの代表事例が、最近、急成長しているフリーマーケットアプリのメルカリである。同社はシェアリングエコノミーをプラットフォームで展開していることである。メルカリの特徴は、スマートフォンで手軽に物品販売や購入が行えることに加え、メルカリが支払い手続きを行うなど、安心感のある代金管理サービスを付加価値として提供している。手軽さと安心して物品売買を楽しむことができることから、若い主婦層を中心に利用者が急増しており、シェアリングエコノミーモデルによる市場創造に見事に成功している。

ハードオフコーポレーションのビジネスモデル

ハードオフコーポレーションは新潟県新発田市に本社を置く、一九七二年に設立された中古品リユース小売企業である。個人が使用しなくなった品物を同社が買い取り、直営店およびフランチャイズ（FC）店で販売している。展開する店舗は、パソコンや楽器・オーディオなどを売買する「ハードオフ」、レディース&メンズ・子ども服や家具などを売買する「オフハウス」、ブランド衣料やアクセサリーなどを扱う「モードオフ」、おもちゃやゲーム、トレーディングカードなどを売買する「ホビーオフ」、カー用品を売買する「ガレージオフ」、ワインや日本酒など酒類を売買する「リカーオフ」など、商品カテゴリー別に店舗を分けて展開している。また「ブックオフ」もFC展開している。

ハードオフコーポレーションのミッションは、「リユースを通じて循環型社会のお役に立つ」であり、それを実現する本質的価値が「シェアリングプレースの提供」である。消費者が、不要になったものを捨てるのがもったいないと思った時、リユース（再利用）してくれる次の所有者に渡す場所がシェアリングプレースであり、ハードオフ店舗がそのブリッジング（橋渡し）機能を果たしている（【図表3-17】）。

この価値創造システムのコア・コンポーネントとして、「カテゴリー別の店舗網」が挙げられる。同社の特徴は、ハードオフ、オフハウス、モードオフ、ガレージオフ、ホビーオフ、リカーオフ、ブックオフなど、カテゴリーごとに多様なシェアリングプレースを提供している点にある。これによって、一般消費者がさまざまな商品で隙間なく循環型社会に参加することができ、同社のミッションが遂行されていく。

そしてキー・コンポーネントは、その「再生技術」にある。単に中古品を並べる場所を提供するだけでなく、自社で買い取った品物を「生産工場」と呼ばれる作業場でリペア・メンテナ

図表3-17　ハードオフコーポレーションのビジネスモデル・コンポジション

使命（Mission）		リユースを通じて循環型社会のお役に立つ
ビジネスモデル（Business model）		シェアリングエコノミーモデル
本質的価値（Essential value）		シェアリングプレースの提供
価値創造システム（Value Creating System）	コア・コンポーネント（Core component）	カテゴリー別の店舗網
	キー・コンポーネント（Key component）	再生技術
	サブ・コンポーネント（Sub component）	買い取り査定データベース、中古品保証システム、効率的な店舗運営、価格決定権
価値を享受する人（Value taker）		エコマインドの高い消費者、低価格を求める消費者、マニアックな消費者（売り手、買い手）

ンスされる。各店舗に設置されている生産工場は七〜一〇坪の面積があり、そこで検査や修理・クリーニングなどが行われ、中古品に商品価値が付加される。この再生技術は同社が提供する「ハードオフ中古品保証書」によって、信頼感と安心感が高められる。また、さまざまなカテゴリーの中古品を全国各地の店舗で均質に買い取るためのデータベースも整備している。この標準化されたノウハウによって、社員一人が買い取りから再生、販売まで三つの役割を担える効率的なローコストオペレーションが実現される。

さらに中古品ビジネスの特徴として、価格決定権を有することが挙げられる。現在、小売業界ではオープン価格が一般的だが、メーカーのブランド力が強い場合は仕入れ交渉が難しく、小売希望価格や標準参考価格を下回る価格設定は薄利にならざるを得ない。しかし中古品の場合、仕入れと販売の両面で小売側にイニシアチブがあり、価格決定権を有するため独自の収益システムを確立することができる。これらのサブ・コンポーネントが一体となって、同社のビジネスモデルを強固なものとしている。

現代のエシカル社会において、社会貢献をしたい、無駄なことはしたくない、もったいないなどの価値観は、企業も個人も共有している。そのため同社のバリュー・テイカーは、できるだけ安く商品を買いたいという消費者だけでなく、エコマインドの高い消費者も多く含まれる。実際、使用品を買い取り査定に出す人たちも、その動機は経済的な事情より、「捨てるのはもったいない」という倫理的な思いによるものが少なくない。また、オーディオやカメラなどに関してはマニアックなユーザーも多く、一般消費者からすれば廃品のようなものでも高値で取引されることがある。そんなマニアックな層も、隠れたバリュー・テイカーとして存在している。

環境問題を考える、未来の社会のあり方を考える、そして自分自身が社会貢献に参画するという観点から、このシェアリングエコノミーのニーズは今後も高まり続けていくことだろう。

8　機能特化モデル

〈機能特化モデル〉のロジックと概要

激しい競争環境下においては、特出した強みを持つことが企業に求められる。その強みを磨

図表3-18　機能特化モデルのカテゴリー（イメージ）

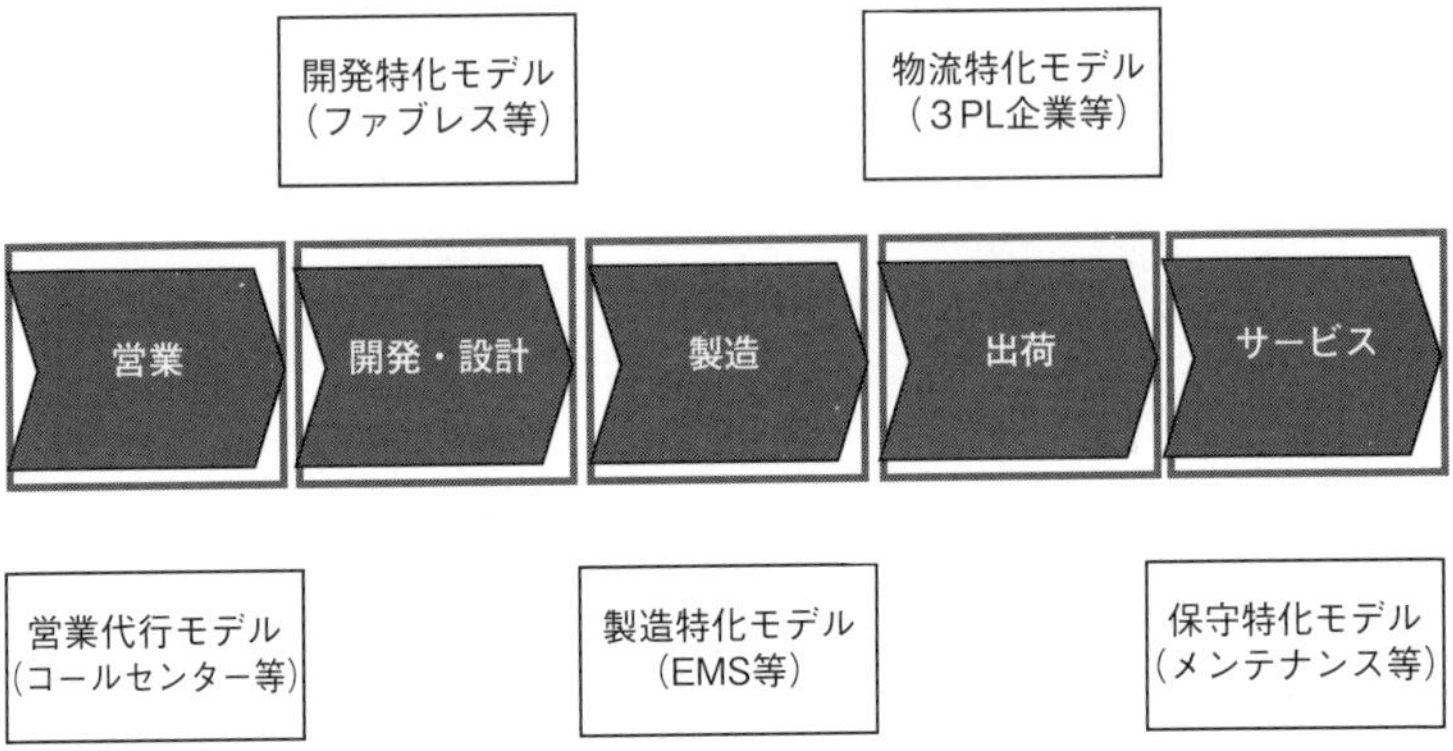

き上げるために、経営資源を集中するビジネスモデルが「機能特化モデル」である。

具体的には、「営業」「開発・設計」「製造」「出荷」「販売・サービス」というサプライチェーンの中において、特定の機能に焦点を絞り、その他の機能に関しては外部にアウトソーシングすることだ。逆にいえば、特定機能に特化することによって、他社から事業としてアウトソースを受けるビジネスモデルともいえる。

営業に特化すれば営業代行やテレアポイントメント、製造に特化すればOEM（相手先ブランド生産）やファウンドリー（顧客の設計データに基づき製造する受託生産会社）、出荷・物流に特化すれば3PL（サード・パーティー・ロジスティクス）などとなる（【図表3－18】）。

機能特化モデルのうち、「開発・設計」機能に集中し、自ら製造をしないものを「ファブレスモデル」と呼ぶ。ビジネスモデルの観点で定義すれば、「製造機能を外部に委託し、企画・設計・開発機能に特化することで顧客への付加価値を最大化するモデル」といえる。

このモデルは、シリコンバレーで広く活用されたことから一般的になったといわれている。シリコンバレーとは、半導体の爆発的な普及によって伸びた世界最高水準の経済地域（米カリフォルニア州サンフランシスコ湾南岸のサンノゼ、サンタクララ周辺一帯）である。その半導体を手掛けるベンチャー企業の一番の悩みが、「半導体技術の異常な革新スピード」だ。日進月歩以上のスピードで革新していく半導体は、それに応じた生産設備を一度つくり上げても、すぐに違う形の生産ラインが必要になる。だが、ベンチャー企業はそれに対応できるほどの資金を持たないため、革新スピードについていけない。「自分たちは企画・開発に注力し、製造は外注できないか？」と考えたことがきっかけとなり、このモデルは急速に普及した。半導体事業にかかわらず「技術革新スピードが速い、または製品のライフサイクルが短い業界」において、このモデルは活用例が多い。例えば、衣服、日用雑貨、食料品などが代表的であろう。

このモデルの最大のメリットは、「経営資源の集中化による付加価値力・経営体質強化」である。経営資源とはヒト・モノ・カネであり、これをどう配分するかを決める戦略設計は、非常に重要な意思決定である。ファブレスモデルの場合、生産設備を持つことがないため、設備投資のイニシャルコストも、工場を稼働させるランニングコストもかからない。節減した経営資源を企画・開発・設計へ集中できるため、顧客に提供する付加価値を最大化できる。また、固定資産を持たない身軽な経営体質は、激変する経済環境にも柔軟に対応できる。

機能特化モデル成功の前提条件は、アウトソースするパートナー企業の選定と、その協業体制にある。サプライチェーンにおける必須機能を外部に任せるため、適切なパートナー企業を選定できなければ、どこかでボトルネックが生じ、ビジネスモデルが成り立たない。一方、機能特化モデルの課題は、パートナー企業とのパワーバランスにある。サプライチェーンの中に圧倒的な力を持つ企業があり、そこからの仕事に依存していれば、営業も製造も物流もすべての機能特化が「下請け」としての性質を帯びる。そうなると、サプライチェーンの盟主が多くの収益を稼ぎ、その他の企業の収益が低下するという状態に陥ってしまう。

〈機能特化モデル〉の一般事例・類似事例

機能特化モデルの中で、開発に特化したファブレス企業の代表例が、FA（ファクトリー・オートメーション）用センサーの製造・販売を行うキーエンスである。一般的に知名度が高くないBtoBビジネス企業でありながら、「超」高収益企業（二〇一七年三月期連結決算／売上高営業利益率五三・七％）として取り上げられることが多いため、ご存じの方も多いだろう。

その超高収益体質を生み出す源泉はファブレスモデルにあるが、同社の場合、それを支える「企画・開発力」と「顧客ニーズを把握する営業社員のヒアリング力」の二点が突出している。

キーエンスでは直接、営業社員が顧客の生産現場に出向き、課題をつぶさに把握した上で自社の開発部門にフィードバックする。開発は超一流の技術をもって世界初・国内初の製品をつくり上げる。その製品をソリューションメニューとして顧客に提案して受注する、という一連のサイクルが超高収益の源泉なのである。

甲賀高分子のビジネスモデル

プラスチックフィルムや機能テープ・工業用部材など、高分子素材のハード・ソフトメーカーとして躍進している、甲賀高分子という企業がある。同社は「研究開発のパイオニア―地域に根差した産業開発型企業を目指す」をミッションとし、全国約五〇〇〇の取引企業に対して高い付加価値を提供している。

同社が提供している高分子素材とは、プラスチックを中心としたものである。ハード・ソフトを含め、八つの製品群で事業を構築している。具体的には、①プラスチックフィルム、②機能テープ、③工業用部材、④環境対応用品（廃プラリサイクルシステムなど）、⑤開発商品、⑥設備・機械（充填包装機など）、⑦高機能発泡品（緩衝材など）、⑧物流資材・機器（プラスチックコンテナなど）である。これらの製品群について顧客の現場の要望を細かく把握し、約三〇〇社の外部協力先（パートナーズメーカー）の中から顧客ニーズに最適な商品をつくるメーカーを選出する。

甲賀高分子は顧客と外部協力先の間に立ち、顧客ニーズの把握と設計・開発・販売を行う。

同社は自身の立ち位置とその存在価値から「ワンストップ型プラスチックサービス業」と称している（【図表3 - 19】）。

甲賀高分子のビジネスモデル・コンポジションにおける本質的価値は、「コンサルティングソリューション」である。具体的には、顧客の要望を深く理解し、優秀な外部協力先とパートナーシップを組むことにより最適なソリューションを付加価値として提供することである。そして、そのコンサルティングソリューションを提供するための価値創造システムの構造は【図表3 - 20】の通りである。

価値創造システムを支えるコア・コンポーネントは「高分子研究開発を可能にする多数の協力企業」である。先にも示した通り、顧客の要望を把握できたとしても、それを解決する技術、このモデルにおいては「協力企業」がなければソリューションは提供できない（ファブレスモデルの第一条件である）。同社はもともと、高分子素材の卸売を中心事業としつつ、加工など数種の事業を手掛けていた。その時に付き合っていた仕入れ先が現在の外部協力先のベースになっている。その数を徐々に増やし、今では約三〇〇社というパートナーグループを構築している。

なぜ外部協力先を増やせるのか。それは二つの取り組みがポイントとなっている。

一つ目は、「呼称変更による双方の意識改革」である。同社は外部協力先を仕入れ先と呼んでいたが、ファブレスモデルを構築する際、「パートナーズメーカー」へ呼称を変更した。「仕入れ先」という表現では、外部協力先も社内も卸売モデルの意識が強く残り、ファブレスモデル

図表3-19　甲賀高分子「ワンストップ型プラスチックサービス業」

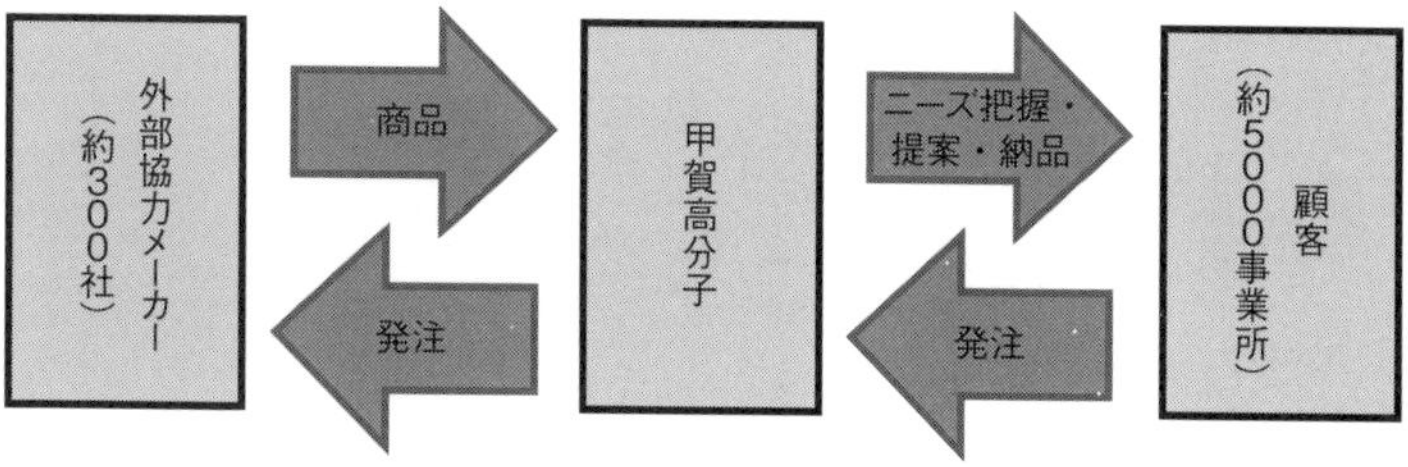

図表3-20　甲賀高分子のビジネスモデル・コンポジション

使命（Mission）		研究開発のパイオニア―地域に根差した産業開発型企業を目指す
ビジネスモデル（Business model）		機能特化モデル
本質的価値（Essential value）		コンサルティングソリューション
価値創造システム（Value Creating System）	コア・コンポーネント（Core component）	高分子研究開発を可能にする多数の協力企業
	キー・コンポーネント（Key component）	コンサルティングセールス
	サブ・コンポーネント（Sub component）	顧客ニーズ・情報の把握、多種多様な製品群の供給、高いリピート率
価値を享受する人（Value taker）		工場や物流現場の担当者

への変革意識が損なわれてしまう。この意識改革により、「甲賀高分子とパートナーズメーカーによる〝ファブレスバリューチェーン〟を構築する」というベクトルの統一が行われた。

二つ目は、「パートナーズメーカーへの徹底した情報提供」である。メーカーにとってはエンドユーザーの情報が何よりも重要であるが、直接聞く機会は非常に少ないのが現状だ。特に、自社の技術・製品に関する適切なフィードバックやエンドユーザーのニーズをつかむことは、彼らにとって死活問題である。そんな状況の中、全国各地の多業種にわたる五〇〇〇事業所と取引を行う甲賀高分子からのフィードバックは、メーカーの成長にとって、なくてはならないものとなっている。そのため、パートナーズメーカー側も、甲賀高分子との関係構築に対して積極的になる。呼称変更に続き、このような相互発展のための取り組みによって、互いの信頼関係はより強いものとなっており、また数を増やす要因にもなっているのである。

そしてキー・コンポーネントは、「コンサルティングセールス」である。ファブレスモデルの基盤になる企画・開発力があったとしても、それを各顧客の状況に応じて提案ができなければ意味を成さない。同社は「営業社員個々の高いレベルの知識」と「全国展開と膨大な取引数から生まれるソリューションノウハウ」という二つを駆使することによって、顧客にコンサルティングを行い、ソリューションを提供している。

これを高いレベルで継続するためには、理念の共有と社員の自律的な成長が欠かせない。同社は新人からベテランに至るまで階層別研修体系を構築しており、外部・内部それぞれで自社のビジネスモデルを遂行する人材育成を進めている。主力商品となる包装材については、コンサルティングセールスを遂行するため、より一層教育に力を入れており、営業社員のほぼ全員が「包装士」の資格を取得している。またエリア展開においては、関西圏（滋賀・大阪・京都・三重）と関東圏（東京・群馬）に拠点を展開し、全国取引に対応している。

「ワンストップ型プラスチックサービス業」を標榜し、「甲賀高分子に聞けば、最適なプラスチック素材、システムを提案してもらえる」をコンセプトとしている。さまざまな取引に対応できるため、一つの製品群の受注で終わらず、別の取引につながるなどリピート率が高まっていく。多様な製品群と高いリピート率は、甲賀高分子の顧客訴求力をより高めていくサブ・コンポーネントとなっているのだ。

9　デファクト・スタンダードモデル

〈デファクト・スタンダードモデル〉のロジックと概要

デファクト・スタンダードとは、「オフィシャル」ではない（権威ある機関の承認を得ていない）が、事実上、業界標準になっていることをいう。さまざまな規格が必要とされるテクノロジーの分野において市民権を得るようになったもので、古くはビデオの規格戦争（ＶＨＳ対ベータマックス）で広く知られるようになった。市場での競争を通じて、広く採用された「結果と

図表3-21　デファクト・スタンダードモデルのイメージ

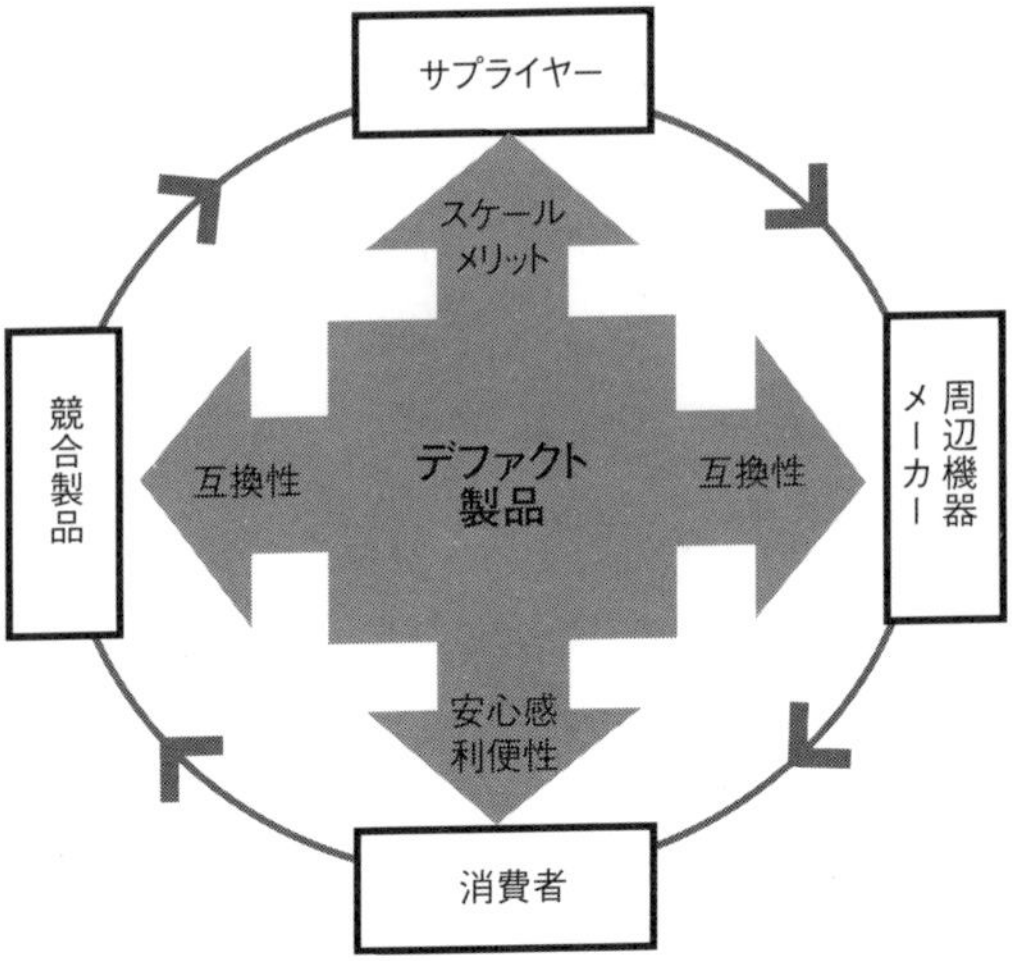

して事実上標準化された基準」といえる。これと相対する言葉としては「デジュリ・スタンダード」がある。これは〝オフィシャルなスタンダード〟、すなわち、政府や何らかの認証機関から標準として認められている状況を意味している。代表的なものは、ISO（国際標準化機構が定める工業規格）、DIN（ドイツ工業規格）、JIS（日本工業規格）などがある。

デファクト・スタンダードの最も基本的かつ重要な効果は、市場を独占または寡占的に支配できることにある。すなわち、事実上の標準となった製品をユーザーが選択することによって、ユーザー数が増えると、製品にデファクトとしての性格が強まるという好循環が生まれていく。ユーザーが選択する主な理由は、デファクト化により同種製品との互換性や周辺製品との接続性が生まれ、ますますユーザビリティー（使いやすさ）が高まり、その製品を選択するメリットがより強固なものになっていくことが挙げられる。また、メーカーのサポートサービスだけでなく、周囲のユーザーのアドバイスも簡単に受けられるという安心感も生まれる。

その規格を中心としたエコシステム（複数企業により構築された製品・サービスが結び付き、自然界の生態系のように循環しつつ収益を上げられる業界構造）が発達することで、ユーザーの利便性が加速度的に高まり、その規格を選ばざるを得ない状態となる（【図表3-21】）。

特に、デファクト・スタンダードが特定企業の専売技術である場合、限られた企業が市場を独占できることから鉄壁のビジネスモデルともなる。そのため特許技術や製品構造などを積極的に公開し、同種の製品や周辺製品のメーカーが互換性や接続性を確保できるよう、意図的に仕向ける手法も用いられる。後述するフリーミアムモデルも、デファクト・スタンダードモデルとの親和性が高い。フリーミアムのアプローチによって無償で該当規格の技術や製品を導入させ、デファクト化を図る。

一方、デファクト化は、その獲得・維持の過程で他社（他の企業連合）からさまざまな挑戦を受けることにもなり、確立するまでの道のりは容易ではない。また、市場の独占度が高まることで独占禁止法の適用対象となったり、製品の多様性が極端に失われたりすることなどもデメリットとして指摘される。

〈デファクト・スタンダードモデル〉の一般事例・類似事例

最も分かりやすい事例は、マイクロソフトのオペレーションシステム（ＯＳ）「ウィンドウズ」だ。発売されたのは一九八五年だが、当時の出来栄えは決して完全なものではなく、一年早く発表されたアップルのマッキントッシュと比べると見劣りしていた。また、アップル以外にもデジタルリサーチのＧＥＭ、ＩＢＭのＴｏｐＶｉｅｗ（トップビュー）など数々の有力ライバルが存在していた。そのような中で、マイクロソフトは見事にビジネスシーンにおけるＯＳのデファクト・スタンダード化に成功した。

そのポイントは、根本的な思想の違い、つまりソフトウエアはデバイス（機器）に依存すべきではないという思想だ。当時、コンピューターはメーカーによってデバイスの設計がまったく異なり、デバイスごとに異なるソフトが求められるのが当たり前だった。だが、ソフトウエアの本質部分はデバイスに左右されないところにあるはずである。デバイスの差というのは、ハードウエアのちょっとした個性にすぎない。

そこでマイクロソフトは、ソフトウエアをデバイス依存の鎖から解き放ち、ウィンドウズ向けに書かれたソフトをあらゆるメーカーのマシンで動作させた。今では当たり前のことだが、当時としては画期的であり、無謀ともとられかねない過激な思想だった。こうしたデファクト化に向けた戦略は、「ギーク」と呼ばれるオタク集団へのマーケティングであった。

ＯＳを売るためのこうした手法は、法人ユーザーしか眼中になかったＩＢＭにはない発想であった。三二ビット化と低価格のハードディスクというイノベーションも追い風になり、大規模なソフトを動かす環境が整ったことも背景にあるが、ビル・ゲイツの信念、「デバイス独立性」を諦めずにバージョンアップを続けたことが、ウィンドウズのデファクト・スタンダード化を成功させ、今日のマイクロソフト帝国を支えている。

もう一つの事例として、燃料電池車の関連特許を無償開放したトヨタ自動車（以下、トヨタ）を挙げる。もっとも、同社はデファクト化に成功したわけでなく、まだ現在進行形である。

燃料電池車は、まさに革新途上にある技術だ。トヨタが発売した量産型の燃料電池車『ミライ』は、燃料電池の小型化、省資源化、高圧水素タンクの低コスト化など、革新的な技術が数多く盛り込まれているが、エコカーとしての性能自体は決して傑出したものではない。

同社は二〇一五年一月、五七〇〇件近くにのぼる燃料電池車関連の単独特許を二〇二〇年まで、水素ステーション関連については永久に無償化すると発表した。特許を使いたいと申し出てきた企業に対してのみ、契約を取り交わした上で無償特許開放をするというものである。契約を交わし、権利を維持しながらそのコントロールをし、市場を自社の特許技術で占有して燃料電池車のデファクト・スタンダードを目指している。

トヨタは世界の中でも、最も多くの開発資金と人員を割いて燃料電池車の開発を進めてきた。それだけに水素の難しさは誰よりも理解しており、世界にプレーヤーを増やして、技術革新や量産の広がりを促したいという戦略である。水素エネルギーが技術の妥当性を含めてメインストリームになるかどうかは未知数だが、それでも同社が燃料電池車に力を入れるのは、「エネルギーセキュリティー」（エネルギー安全保障）という経営哲学にあるといえる。化石燃料の供給リスクが高まるとの観測は後退しているものの、地球規模での人口増大と経済成長に伴うエネルギー問題は必ず再燃する。それに備えた技術革新を促す必要があると同社は考えているのだ。

水素エネルギーは国の成長戦略に組み入れられているが、水素社会の実現はイバラの道である。トヨタの特許無償化という策が功を奏してプレーヤーが増え、技術革新が生まれる原動力となるのか、トヨタがデファクト化を実現できるのか、その成り行きが大いに注目される。

エプコのビジネスモデル

二〇〇五年に発覚した建築物の耐震強度偽装事件を受け、二〇〇七年に建物の安全性確保を大幅に強化した改正建築基準法が施行された。建築着工前に設計図面などをチェックする建築確認に構造計算適合性判定制度を導入するなど、建築確認や工事検査が厳格化された。消費者にとって建物の安全性が確保されるのは歓迎すべきことだ。しかし、規制を強化された建築業界は大混乱。建築価格の上昇や建築の自由度の制限など、思わぬ〝副作用〟が生じたのは記憶に新しい。

エプコ（ＥＰＣＯ）はこうした法改正を好機として捉え、住宅会社や住設機器メーカー向け

図表3-22　エプコのビジネスモデル・コンポジション

使命（Mission）		エネルギーをプランニングして、日本や世界が抱えるエネルギー問題を解決していく
ビジネスモデル（Business model）		デファクト・スタンダードモデル
本質的価値（Essential value）		スタンダード確立による機能と効率の向上
価値創造システム（Value Creating System）	コア・コンポーネント（Core component）	設備設計から部材組み立て、施工まで一気通貫でシステム提供
	キー・コンポーネント（Key component）	建築・設計図面をDB（データベース）化、24時間365日でメンテナンスサポート
	サブ・コンポーネント（Sub component）	プラモデル配管、製品メーカー、商社、工事会社、住宅会社のサプライチェーン（仕組み化）
価値を享受する人（Value taker）		大手住宅会社、住設機器メーカー

の設備設計から部材組み立て、施工、カスタマーサポートまで一気通貫で設計サービスのシステムを構築し、デファクト・スタンダードを実現した企業である。現在は住宅・家庭分野での顧客管理ノウハウを生かし、家庭向けスマートエネルギーサービスに事業を拡大している。

同社の設計サービス事業のビジネスモデルによって提供される本質的価値は、「スタンダード確立による機能と効率の向上」といえる。この本質的価値を提供するための価値創造システムは【図表3-22】の通りだ。

まずコア・コンポーネントは「設備設計から部材組み立て、施工まで一気通貫でシステム提供」である。単に「設計」だけを機能としてバラ売りするのではなく、部材の組み立て、施工まで一気通貫で行えるシステムを開発・提供している。部材の組み立てまで行うため、配送は自社便を使わず宅配便を利用できた。これも当時はあり得なかったイノベーションであろう。

このコアを強化するキー・コンポーネントは「建築・設備図面をＤＢ（データベース）化、二四時間三六五日でメンテナンスサポート」、つまりカスタマーサービスである。具体的には、①顧客管理システム（顧客のメンテナンス情報をデータベース化し、きめ細かなアフターサービスを提供）、②トレーサビリティー（将来のリフォームにも役立つ住まいの情報をクラウドで管理）、③データ解析レポート機能（アフターメンテナンス情報を分析し、住宅品質の向上やリフォームに活用）という三つのプラットフォームをベースに、コールセンターが終日・年中無休で対応している。ここで蓄積された一〇〇万以上の設計図面は今後、ＡＩを活用することによって、人手不足に苦しむ中小工務店に最短で最適な設計図を提供できる機能外販ビジネスのベースともなる。

そして、キー・コンポーネントを支えているサブ・コンポーネントが「プラモデル配管、製品メーカー、商社、工事会社、住宅会社のサプライチェーン（仕組み化）」である。同社が設立した当時（一九九〇年代）の配管工事は、図面を作成せず現場で施工・加工を行ったり、市町村ごとに給排水の材料が違っていたりなど、非常に非効率的であった。そこで業界人には発想できないアイデア、つまり配管工事をプラモデルのようにシンプルにできないかを考えたのだ。

だが、当時の非効率な〝業界常識〟は壊すことが難しかった。なぜなら、プラモデルをつくるように設計⇓組み立て⇓施工をシンプルにすると、町の水道屋さんの仕事がなくなる恐れがあったからである。転機となったのは法改正であった。一九九八年四月に水道法が改正され、材料や工法が自由化された。それまでは市町村ごとに材料や工事店が決まっている〝守られた市場〟だった。二〇〇〇年四月には住宅品質確保促進法が施行され、一〇年間の瑕疵担保責任の義務化や水回りも性能評価対象になったため、行政のチェックが厳しくなった。この規制緩和と規制強化で一気に〝プラモデル配管〟を展開するに至ったのである。

エプコは業界構造の再構築の中で、従来の利害関係者を排除するのではなく、今まで以上に関係を強化することでやりたいこと（仕組み）のサポート体制を構築し、効率化・システム化を図っていったのだ。そのプロセスにおいて、「情報でビジネスをするモデル」という自社のポジショニングを設定、プラモデル配管がデファクト・スタンダード化されていった。そして同社の本質的価値（スタンダード確立による機能と効率の向上）を享受しているバリュー・テイカーが「大手住宅会社、住設機器メーカー」だ。

同社の新築住宅の設備設計シェアは、施工棟数が減少トレンドの中にあって、二〇〇二年の五％（約三万三五〇〇戸）から二〇一六年には一四％（一〇万戸）まで拡大した。規制の変化を好機と捉え、業界の常識を覆し、デファクト・スタンダードを築いた好事例である。

10 フリーミアムモデル

〈フリーミアムモデル〉のロジックと概要

フリーミアムとは、「Free」（無料、無償）と「Premium」（割増）を合わせた造語であり、ビジネスモデルという観点で定義すれば、フリーミアムモデルとは「無料での商品・サービスの提供で市場や顧客にアプローチし、それを起点に別の切り口で利益を得るモデル」といえる。『ワイアード』元編集長クリス・アンダーソンによって紹介され[*7]、一躍、その名を広めることとなった。

通常、商品・サービスの購入代金は顧客にそれを提供する時点で対価として同時に支払われる。しかし、このフリーミアムモデルは、導入時・初期あるいは基本的なものを「無料」で提供するところからスタートする。そして、次のステップで利益を得る仕組みを構築することで、収益の拡大を図る。その収益を得るシステムは大きく二つある（**【図表3 - 23】**）。

一つ目は、無料で登録者を集め、有料の商品・サービス販売につなげていくシステム。代表的なものとして「課金型のソーシャルゲーム」がある。今、スマホでゲームアプリを検索するとたくさんのゲームが表示され、その多くはダウンロードから初期のステージまで無料である。しかしゲームを進めていくうちに、無料の状態ではクリアが難しいステージに直面する。その

図表3-23　フリーミアムモデルのイメージ

①同一顧客の有料化モデル

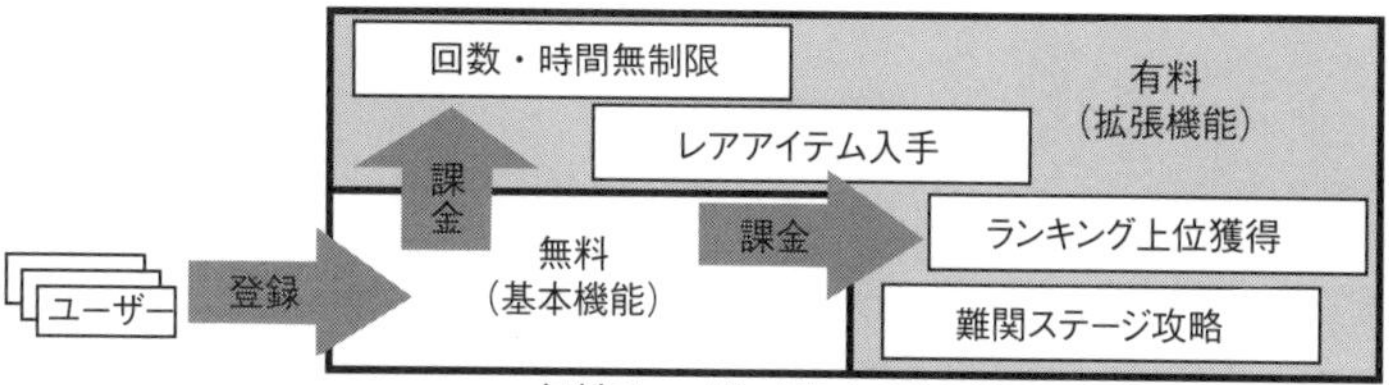

無料でユーザーを集めて課金制につなげる

②第三者からの利益創出モデル

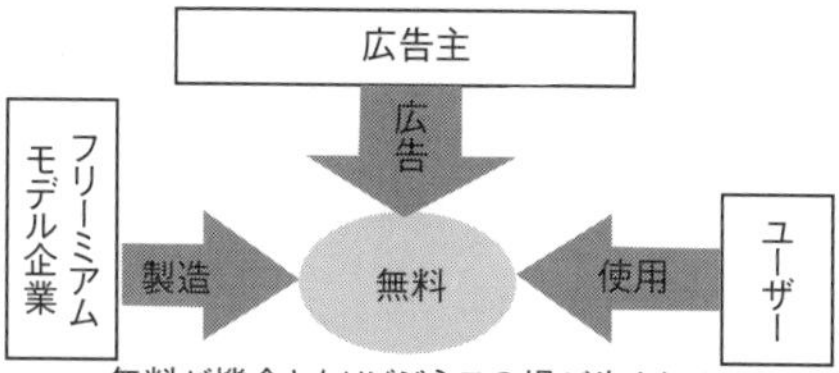

無料が機会となりビジネスの場が生まれる

際、クリアに有利なアイテムを購入するとゲームをより快適に楽しむことができる。そもそも課金しなければ遊べないステージなど、無料から有料に導くポイントが数多く用意されている。このシステムはゲームに限らず、現在は多くのソフトウエアやアプリで採用されている。インターネットを介したサービスで使われることが多いが、〝デパチカ〟やコーヒーショップでの試食や試飲、フィットネスクラブの初回無料体験なども、この伝統的なフリーミアムモデルといえる。

　これは無料・有料ともに、「商品・サービスを利用（購入）するのは同一の顧客」である。それに対し、二つ目は無料で集めた登録者本人からではなく、第三者から収益を得るシステムである。具体的には、情報サイトがそれに当てはまる。多くの情報が無料で提供され、その情報を得たいユーザーがサイトに集まる。サイト運営者はそのユーザー層をターゲットとする企業からウェブ広告出稿を募って収益を得るというものだ。目新しいシステムではなく、私たちが普段から視聴しているテレビの地上波放送などがこれに該当する。有名な芸能人が出演する豪華な番組を無料で楽しめるのは、CMスポンサー企業が視聴料を負担しているためである。

先述の通り、無料の商品・サービスから、有料購入を促すモデルは以前から存在している。しかし、それらのほとんどはキャンペーンや販売促進が主で、ビジネスモデルといえるものではなかった。それを、「無料をきっかけに利益創出を図るモデル」というビジネスモデルの新潮流へ一気に押し上げたのは、インターネットの普及によるところが大きい。

通常のモノやサービスを無料にする場合、それなりのコストがかかる。本来は商品であるため、当然である。だが、インターネットによって世界がシームレスにつながったことで、デジタル化されたサービスやコンテンツが時間・場所・数量の制約を受けずに提供できるようになったため、フリーミアムモデルが急速に進化、普及した。見込み顧客獲得のハードルを大幅にダウンさせることができる上、それを自動的にダム化することができる（常にアプローチ可能な状態にできる）。スマホゲームなどにおいては最初に多額の開発投資を必要とするが、一度開発してしまえば長く活用できるし、モノではないため流通コストや在庫負担などのリスクもなく、効率がよい。かつ、それを世界中の見込み顧客へ、瞬時に、同時に発信できるのである。

このモデルを成り立たせるには、次の二つの要件を満たす必要がある。まず一つ目は、「圧倒的なパフォーマンスを有する無料コンテンツの構築」だ。無料だからといって、陳腐なコンテンツをつくってしまうと、収益源につなげる見込み顧客も、企業から広告収入を得るためのターゲットユーザーも集まらない。人を集められる魅力的な無料コンテンツが必要である。

二つ目は、同一顧客の有料化モデルで特にいえることだが、「無料と有料の境目と、課金ポイントの構築」である。集客するために無料のコンテンツをつくり込みすぎると、それだけで顧客が満たされてしまい、有料段階にステップアップしないリスクがある。課金する気も起きない退屈なコンテンツでは駄目、無料で完結してしまう申し分のないコンテンツでも駄目だ。これらのハードルを乗り越えた時に初めて、このモデルは稼働し始める。

〈フリーミアムモデル〉の一般事例・類似事例

スマホ向けオンラインゲームを数多く手掛けるＤｅＮＡ（ディー・エヌ・エー）は、近年、「グランブルーファンタジー」というオンラインＲＰＧ（ロールプレイング）ゲームを開発し、成功を収めている。よく練られた壮大かつ精緻なストーリーと世界観、ゲーム内のボイスを担当する声優や制作陣も高いレベルのキャストをそろえ、登録者数は一六〇〇万人を突破（二〇一七年八月現在）している。このゲームでは、よりよいキャラクター・アイテムなどを得る際に使用される「グラブルコイン」を購入する時が、課金ポイントとなっている。ＤｅＮＡの他にも、スマホ向けのオンラインゲームで成功している企業としてコロプラ、ガンホー・オンライン・

エンターテイメント、グリー、ミクシィなどがある。各社ともフリーミアムモデルを活用することにより、高収益（営業利益率二〇～四〇％超）を実現している。

第三者からの利益創出モデル例として挙げられるのは、『タウンワーク』（リクルートジョブズ）や『ホットペッパー』（リクルートライフスタイル）などに代表されるフリーペーパー事業である。これらは街中で無料配布され、職（パート・アルバイト・正社員・契約社員）や飲食店を探す人たちが手にとっていく。収益源は冊子を読む個人ではなく、媒体に求人広告や無料クーポンを出稿しているスポンサー企業である。フリーペーパーという「無料」のモノを媒介として第三者から利益を創出するという点で、伝統的なフリーミアムモデルといえる。

最近の例では、二〇一七年八月に、設立からわずか四年で東証マザーズにスピード上場したUUUM（ウーム）が挙げられる。同社はYouTuber（ユーチューバー）のマネジメントやマルチチャンネルネットワーク（MCN）を手掛けている。ユーチューバーとは、自ら制作したオリジナル動画を動画共有サイト「YouTube」で公開し、再生回数に応じて広告収入を得ている人だ。またMCNは複数のYouTubeチャンネルと提携し、動画制作や企業とのタイアッププロモーション、視聴者獲得や著作権管理などをサポートする事業である。

日本FP（ファイナンシャル・プランナーズ）協会が二〇一七年五月にまとめた「小学生の『将来なりたい職業』ランキング」で、男子児童がなりたい職業としてユーチューバーがランクイン（一四位）し、話題を呼んだ。ウームは所属する人気ユーチューバー（はじめしゃちょー、H

ＩＫＡＫＩＮなど）の動画再生で発生する広告収入を運営元のグーグルから受け取るとともに、商品の宣伝動画制作を依頼したい企業とユーチューバーを仲介しプロモーション料を得ている。トップクラスのユーチューバーと契約を結ぶウームは急成長を遂げており、同社所属のチャンネル登録者数は上位一〇チャンネルだけで二八一五万人（二〇一七年六月末現在）、二〇一七年五月期の動画再生回数は約二三二億回に達しているという。

同社の収益源は視聴者ではなく、ＹｏｕＴｕｂｅに広告出稿するスポンサー企業だ。ユーチューバーは魅力的な動画を制作し、視聴者は無料で視聴する。そして視聴者が多い人気ユーチューバーと企業とのタイアップ動画を受注し、対価を得るというフリーミアムモデルを構築している。

ベネフィット・ワンのビジネスモデル

「サービスの流通創造」をミッションとしてフリーミアムモデルで躍進しているのが、福利厚生アウトソーシング事業を行うベネフィット・ワンである。福利厚生とは「企業が従業員に対して通常の給与以外に支給する非金銭給与」のことである。法律で支給が義務付けられた「法定内福利厚生（厚生年金・健康保険・介護保険など社会保険や労働保険）」と、企業が任意で支給する「法定外福利厚生（育児支援、レクリエーション、余暇・レジャーなど）」に大別され、同社は後者の法定外福利厚生についてソリューションを展開し、企業に付加価値を提供している。

図表3-24　ベネフィット・ワンのビジネスモデル

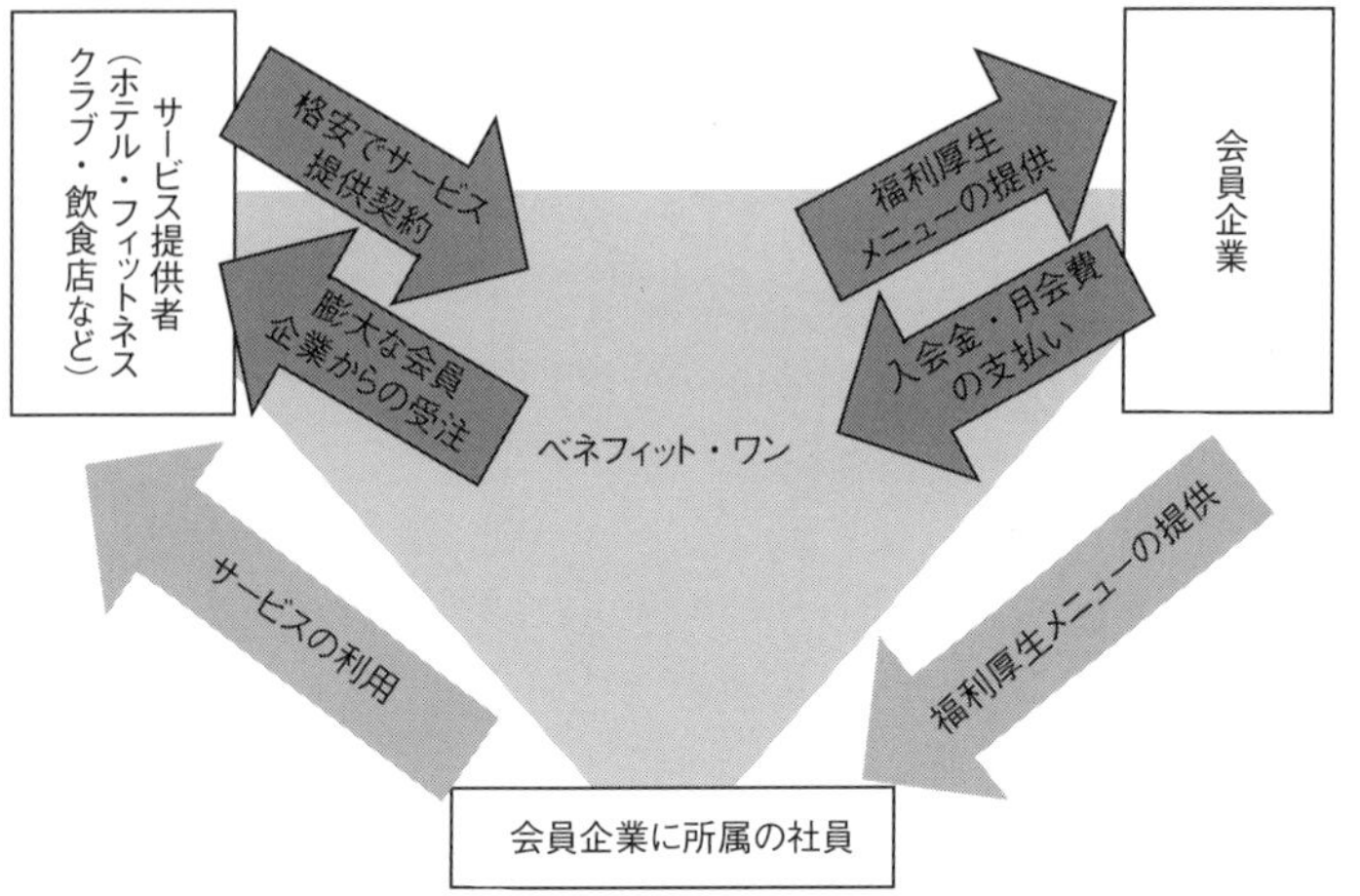

これまで法定外福利厚生の充実は資産を有する大企業が財務戦略の一つとして実施する意味合いが強かったが、現在においては「従業員のモチベーションアップ」「法人税対策」の両輪を達成するＥＳ（従業員満足）向上戦略の一つになりつつある。

ベネフィット・ワンのビジネスモデルは、福利厚生の対象となるサービスを展開する企業からサービスを格安料金で仕入れ、自社の会員組織に入会している企業に対し、会員制割引価格で福利厚生サービスメニューとして展開（ベネフィット・ステーション）するモデルである。

サービス提供者は、圧倒的な数の見込み顧客へのＰＲと受注を、会員企業はＥＳ向上とコストダウンを、その従業員は多種多様な福利厚生サービスの選択と利用、そしてベネフィット・ワンは間に立つことによって利益を獲得できる。

図表3-25　ベネフィット・ワンのビジネスモデル・コンポジション

使命（Mission）		サービスの流通創造
ビジネスモデル（Business model）		フリーミアムモデル
本質的価値（Essential value）		福利厚生代行を通したES（従業員満足）向上とコストダウンの両立
価値創造システム（Value Creating System）	コア・コンポーネント（Core component）	圧倒的な数の福利厚生メニュー
	キー・コンポーネント（Key component）	サービス提供会社を誘致する広告料無料化
	サブ・コンポーネント（Sub component）	スケールメリットを生かした格安料金体系
価値を享受する人（Value taker）		会員登録している企業、サービス提供者、福利厚生を受ける従業員個人

それぞれ四者が文字通りベネフィット（便益）を得られるモデルである（【図表3-24】）。

ベネフィット・ワンのビジネスモデル・コンポジションにおける本質的価値は、「福利厚生代行を通したES向上とコストダウンの両立」である。そして、その価値提供を推進する価値創造システムの構造は次の通りである（【図表3-25】）。

まず、基盤となるコア・コンポーネントは「圧倒的な数の福利厚生メニュー」である。福利厚生代行を行う上では、会員企業の従業員が活用したくなるような量・質のメニューが必要だ。せっかく福利厚生を導入しても、従業員が魅力を感じない、また数が少なく選択肢が限られるというものだと、「会社は最低限の福利厚生しか用意しない」と思われるなど逆効果のリスクがある。その点、同社は宿泊・健康・育児支援・

スポーツ・リラクゼーションなどさまざまなメニューを約九〇万件も取りそろえている。従業員にとっては、非常にうれしいボリュームである。

同社はそれほどのサービスメニューを、格安料金でどのように仕入れているのか。その真髄は「広告費無料化」にある。通常、サービス提供企業は多くの広告費をかけて外部にPRし、顧客を得ているが、その多くは不特定多数の、ニーズも分からない相手に対し行われることが多い。費用対効果の観点から見れば、不十分な結果に終わる場合も少なくない。だが、ベネフィット・ワンの場合は福利厚生という絞り込まれたカテゴリーのニーズの中に集まる、確度の高い顧客へ一斉にアプローチできる。それも四〇〇万人を超える見込み顧客に、である（ベネフィット・ステーションを利用する企業・団体会員＝四二八万人）。これだけを見てもベネフィット・ワンを活用する価値があるが、同社は自社サイトやサービスメニューを載せたカタログへの情報掲載料をサービス提供事業者から取らない。無料で掲載するのである。サービス提供事業者にとっては、サービスを安く提供したとしても、広告費がかからないという利点があるため、十分に魅力的だと感じさせる一番のポイントとなっている。この無料化が、サービス提供者を確保する源泉となり、メニューの拡充を支えているのだ。

この「広告費無料」を同社が実践できるのは、収益源をサービス提供事業者ではなく、会員企業に設定しているためである。その会員企業を増やすことができるのは、メニューの豊富さという従業員向けのベネフィットに加え、法人向けの「コストダウン」というベネフィットがあるためだ。日本経団連の「福利厚生費調査結果（二〇一五年度）」を見ると、企業が支出している法定外福利費（従業員一人一カ月当たり、全産業平均）は月額二万五四六二円。その一方、ベネフィット・ワンの会員登録料は、その半額以下という圧倒的な料金設定となっている。

企業によっては福利厚生の料金を会社で全額負担する場合もある。サービス利用時に使える「ポイント」をベネフィット・ワンから購入し、「従業員一人に○○ポイント付与」といった形である。従業員は文字通り「フリー」でサービスを利用でき、満足度は飛躍的に向上する。

福利厚生を自社で独自に用意し、さまざまな人的コストをかけて運用するより、大幅なコストダウンと従業員満足度の高いサービスを提供できる。このベネフィットの魅力度が、登録会員企業・団体数を増やす最大の要因となっている。

11　プレミアムモデル

〈プレミアムモデル〉のロジックと概要

プレミアムとは、高級を意味する英語（形容詞）である。この高級感は特別な付加価値を生み、消費者にそのプラスアルファ分の対価を支払ってもらうことができる。つまり、このプレミアム感を生み出すことができれば、収益向上と直結することになる。

プレミアム感を生み出すポイントは、大きく二つある。それは「付加モデル（Addition

図表3-26　プレミアムモデルのイメージ

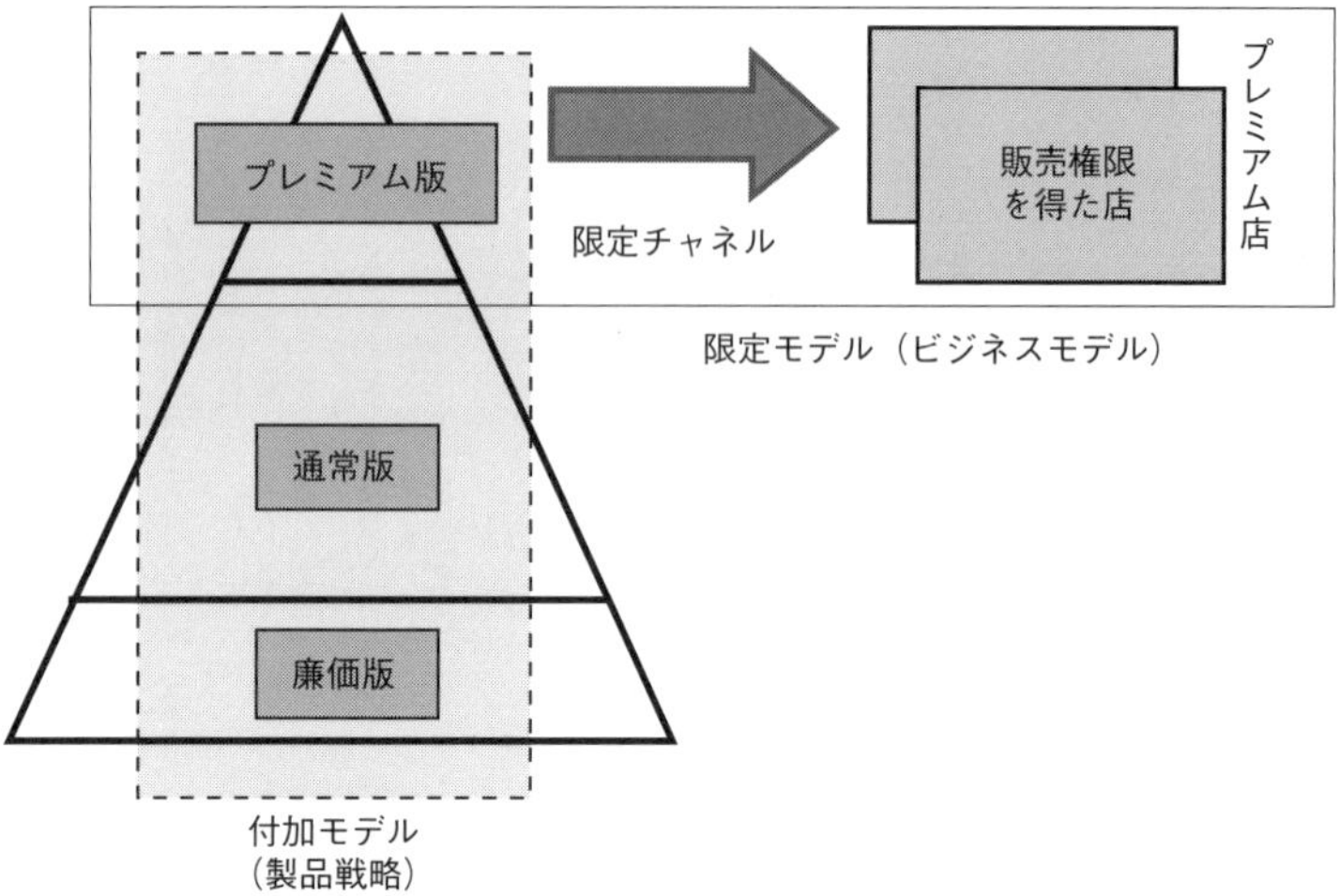

model)」と「限定モデル（Limitation model)」である。付加モデルとは、従来の製品により質の高い原材料を使用したり増加したりすること、あるいはより便利な機能を追加することである。実際、多くの店舗では「○○プレミアム」や「○○ゴールド」などさまざまなカテゴリーの商品で、プレミアム版が通常品より高い値段で売られている。これはビジネスモデルというより、製品戦略という表現が適切かもしれない。

これに対して限定モデルとは、あえて何かを限定することでプレミアム感を醸成するものである。分かりやすい例が、「地域限定商品」や「期間限定サービス」などだろう。つくろうと思えばいくらでもつくれるが、意図的に販売数量や地域、チャネル、時期などを限定することによってプレミアム感を醸成し、ブランド価値を向上させる。この付加モデルと限定モデルの組み合わせによって、製品戦略からビジネスモデルへと進化させることができる（【図表3-26】）。

例えば、『ロマネ・コンティ』は一本（七五〇ミリリットル）二〇〇万円を超える超高級ワインの代名詞的存在だ。このプレミアムの背景は、ごく限られた面積の畑で、特に選別された最高のブドウから生み出されることにある。さらにワインはビンテージによって味が変わるため、年代さえも限定され、プレミアムの重要要素となる。高級ワインの産地である仏ボルドー地方やブルゴーニュ地方では、ロマネ・コンティに限らず、生産者、畑、年代、ブドウ品種などあらゆるものを限定してブランディングすることによって、プレミアムモデルを確立させている。

プレミアムモデルの課題は、限定することによって販売数量を飛躍的に伸ばすことが難しいという点にある。売れるという理由で限定を解除するとプレミアム感がなくなり、高価格が維持できなくなるというジレンマに陥る。ただし、プレミアムモデルには先述の通り、付加モデルと限定モデルがあるため、その使い分けや組み合わせを工夫することによって、高付加価値を維持したまま売上げを拡大させることが可能となる。

〈プレミアムモデル〉の一般事例・類似事例

プレミアムモデルの優良事例として、『黒霧島』『赤霧島』で知られる霧島酒造がある。同社は一九一六年に宮崎県都城市で創業。焼酎の製造・販売を主たる事業として展開し、現在では発泡酒の製造・販売やレストラン経営など、多角化展開する事業形態である。

霧島酒造は提供する商品ブランドによって販売先を限定しており、どこの居酒屋や割烹、料亭などでも口にすることができるというものではない。もちろん焼酎に関していえば、その道のプロであるため、どのブランドにおいてもおいしい焼酎であることはいうまでもない。同社はどこにもない焼酎を造って販売する方針を掲げており、焼酎の原料となるサツマイモは、南九州の肥沃な土地でしか採れないものにこだわるなど、地元の素材のみを使用している。生きた土をつくり、そしてそこで育ったサツマイモを使って焼酎を造る。このこだわりを多くの人々に伝えていくことで、たくさんのファンを集めている。しかし、霧島酒造はどこでも販売し、その希少価値を自ら落とすことをしない。流通ルートを限定することによって、本物の価値を伝えることができる販売システムを構築しているのである。

北海道を代表する銘菓『白い恋人』を製造・販売する石屋製菓も、このモデルの成功企業だ。白い恋人はホワイトチョコレートをラングドシャクッキーで挟んだスイーツである。全国規模で人気があるが、同社は物産展やネット通販を除き、基本的に北海道でしか販売していない。そのため、おいしいという製品価値だけでなく、現地でしか購入できないという高いプレミアム感が醸成されている。また、工場見学や菓子づくり体験をはじめ、さまざまなアトラクションが楽しめる「白い恋人パーク」も運営しており、北海道という観光地に新たな魅力を提供している。これも地域と一体化したプレミアムモデルといえる。

朝日酒造のビジネスモデル

銘醸地・新潟に本社を構える朝日酒造は、流通チャネルを限定するプレミアムモデルによって、衰退が続く日本酒業界の中で付加価値を向上させている企業である。

朝日酒造は創業一八〇年を超える老舗であり、最高級日本酒ブランド『久保田』で知られる。本稿では特に久保田のビジネスモデルに焦点を当てたい。久保田が生まれたのは、一九八五年。新潟県産の米と水を活用して淡麗辛口の日本酒を造ることができないかと、当時の経営者が考えたのがきっかけである。一度飲んだら忘れない上質な香りと味、造り手のこだわりをどのように飲み手へ伝えていくべきか。悩んだ末の結論は、一定の基準を満たす酒販店に直接販売することだった。メーカーである朝日酒造は、消費者と直接対話する機会がない。言葉をじかに交わせる小売店がその重要な役割を担う。久保田の誕生の経緯から品質や醸造におけるこだわり、他の日本酒との違いなどを確実に飲み手に理解してもらうには、その良さを直接伝えることのできる酒販店に限定する必要があった。いや、「必然性が生じた」という表現のほうが正しいだろう。

同社は、当時の日本における食生活の変化を、「新潟県の原料（米・水）の良さを表現する好機」と確信した。また、新潟県の原料を使用することで、当時すでに業界では当たり前であった精白三五％の山田錦（Y）と協会9号酵母（K）で醸した酒、いわゆるYK35※注と一線を画した特徴のある味わいの日本酒を消費者に提供できると考えた。その結果、さまざまな銘酒が開発され、『久保田』というブランド価値の高い最高級日本酒が生み出された（**【図表3－27】**）。

※注　ＹＫ35…「酒米は山田錦（Ｙ）」「酵母は協会9号（Ｋ）」「精米歩合三五％」を意味する言葉。酒類総合研究所（旧国税庁醸造研究所）と日本酒造組合中央会が共催する「全国新酒鑑評会」で、金賞を受賞しやすい酒の製法として流布された俗説。

そして久保田のプレミアムモデルが提供する本質的価値は、「銘酒と過ごすプレミアムな時間」といえる。このプレミアム感を生み出す価値創造システムのコア・コンポーネントは、「サプライチェーン・コントロール」による限定チャネル策だ。久保田は、酒問屋に卸すこともしなければ、消費者へのダイレクト販売もしない。このコア・コンポーネントを支えるキー・コンポーネントが、ブランド価値を守る厳しい酒販店の選定基準だ。そして久保田を販売できる店として正式に認定された酒販店に対し、朝日酒造はさまざまな支援策を実施する。

サブ・コンポーネントとしては、久保田の多品種展開や、海外販売網の構築などが挙げられる。久保田は、醸造方法や期間などによって、さまざまな品種が発売されている。「萬寿」「千寿」「百寿」や、「碧寿」「紅寿」「翠寿」といったシリーズだ。大衆酒カテゴリーの『朝日山』は酒問屋に卸しており、スーパーなど酒販店以外でも購入できる銘酒として流通している。その朝日山にしても、米と水に恵まれた新潟ブランドを冠している。しかも、栽培品質を一定させる取り組みとして、農業生産法人を設立し農家への指導を行っているのである。また、飲み

図表3-27　朝日酒造（久保田）のビジネスモデル・コンポジション

使命（Mission）		飲み手に「新しいおいしさ」を提供する
ビジネスモデル（Business model）		プレミアムモデル
本質的価値（Essential value）		銘酒とともに過ごすプレミアムな時間
価値創造システム（Value Creating System）	コア・コンポーネント（Core component）	サプライチェーン・コントロール
	キー・コンポーネント（Key component）	ブランド価値を守る厳しい久保田酒販店基準
	サブ・コンポーネント（Sub component）	・多品種展開 ・新潟の米、水を使った高級日本酒 ・生産から醸造、外食までの垂直展開 ・国内から海外までの広い販売網
価値を享受する人（Value taker）		味にこだわる消費者 優良小売店

手に新しいおいしさを提供するため、グループ会社で飲食店も運営している。さらには、和食のユネスコ無形文化遺産登録を追い風に、海外での売上げも順調に伸ばしている。

バリュー・テイカーは、味にこだわる消費者と、厳しい審査基準をクリアした優良酒販店（久保田店）である。味にこだわる消費者は、少し高いお金を支払っても、おいしいお酒と料理で素晴らしい時間を堪能することに価値を感じている。そして久保田店は、量販店やインターネット通販などでは容易に入手できない久保田を販売できるという差別化特典を享受している。さらに朝日酒造より、日本酒の知識から販売、経営に至るまでのノウハウを得ることもできる。全国の久保田店の後継者を集めた「松籟塾《しょうらいじゅく》」がその場となっている。これは、酒販店の後継者が集う会であり、その中で将来の自店のビジョンや中期経営計画を策定し、その計画に基づき朝日酒造がリテールサポートをするという仕組みも構築されている。

12 ブルー・オーシャンモデル

〈ブルー・オーシャンモデル〉のロジックと概要

「ブルー・オーシャン」とは、競争のない未開拓市場を指す。INSEAD（欧州経営大学院）教授のW・チャン・キムとレネ・モボルニュが提唱したビジネスモデルである。[*8]

対して、競争の激しい既存市場を「レッド・オーシャン（血で血を洗う競争の激しい市場）」と呼ぶ。この市場で戦って儲かるのはトップシェア企業など一部に限られる。業界によっては、その一部すら存在しないこともある。高収益を上げるためにはブルー・オーシャンを切り開くイノベーションが有効だ。それは自社の業界における一般的機能のうち、何かを「減らす」「取り除く」、その上で特定の機能を「増やす」、あるいは新たに「付け加える」ことで、それまでなかった企業と顧客の両方に対して価値を向上させる「バリューイノベーション」が必要である（【図表3－28】）。

従来からよく知られているマイケル・ポーター（ハーバード大学経営大学院教授）の競争戦略が「事業が成功するためには低価格戦略か差別化（高付加価値）戦略のいずれかを選択する必要

図表3-28　ブルー・オーシャン戦略の「アクションマトリクス」

【減らす】 業界標準と比べて思い切り減らすべき要素は何か	【増やす】 業界標準と比べて大胆に増やすべき要素は何か
【取り除く】 業界常識として備わっているもののうち取り除くべきものは何か	【付け加える】 業界でこれまで提供されていなかったもので、今後付け加えるべきものは何か

↓

新しい価値創造

がある」としている一方、ブルー・オーシャン戦略では「『減らす』『取り除く』ことによる低コスト化と『増やす』『付け加える』ことによる顧客にとっての高付加価値は両立し得る」と主張している。つまり、このモデルの強みは「低コスト・高単価」でビジネスができることである。

〈ブルー・オーシャンモデル〉の一般事例・類似事例

【図表3-28】のアクションマトリクスについて、理解しやすい事例企業を紹介する。

それは、「一〇分一〇〇〇円」（現在は一〇八〇円）の理髪店・QBハウスだ。同社は日本のブルー・オーシャン戦略の成功事例として有名である。

通常、理髪店や美容院ではカラーリングやシャンプー、パーマ、髭剃りなどのサービスが含まれているが、QBハウスはカットに特化している。洗面台もドライヤーも存在しない。利用客は店に入ると、まず券売機で料金を前払いする。席につくと、スタッフが髪を洗うことなく髪を切る。切り終わったら、掃除機のような機械で切った髪を吸い取る。

その他、女性だけを対象に、大掛かりなトレーニングマシーンやシャワールームなどを取り除いたフィットネスクラブのカーブス、従来のサーカスから動物のショーなどを取り除き、大人向けのエンターテインメントとして全世界で人気のシルク・ドゥ・ソレイユ、高画質かつ高性能のハイスペック競争となっていた家庭用ゲーム機市場で、画質よりも体を動かすというコンセプトで大ヒットした任天堂の「Ｗｉｉ（ウィー）」などがある。

スターフライヤーのビジネスモデル

スターフライヤーは、福岡・北九州市に本社を構える就航一二年目の新興航空会社だ。社員数は子会社を含め七〇〇名を超える。ライト兄弟のフライヤー号初飛行から一〇〇年目である二〇〇二年に神戸市で設立されたが、神戸空港が二四時間空港にならないことが決まったため、拠点を北九州へ移し、二〇〇六年の北九州空港開港と同時に就航した。機体は仏エアバス社のA３２０を採用、黒い機体が同社のシンボルである（世界ではニュージーランド航空と同社のみ）。ミッションである「感動のあるエアラインであり続ける」を実践し、顧客満足度調査（サービス産業生産性協議会「JCS（日本版顧客満足度指数）」で八年連続の第一位（国内航空部門）を獲得、大手キャリアをしのぐホスピタリティーを実現している。就航四年目に同調査のトップポジションを獲得し、並み居る大手を抑えて八年連続でその地位を継続しているのは、顧客価値創造システムを磨き続けた結果だろう。

例えば、北九州から東京へ、早朝五時半から飛行機を飛ばしている。他社は六時からである。遅い便は二二時五五分。朝一番で東京ディズニーランドへ行き、目一杯遊んでも宿泊せず日帰りで福岡に戻ることができる。

これを踏まえ、同社のビジネスモデルによって提供される本質的価値を示すと、「アンバンドリングによる高コストパフォーマンスの実現」になる。アンバンドリングとは、関連する二つ以上の商品やサービスをセットにして販売せず、消費者のニーズに合わせて商品内容を組み合わせるため、機能をバラバラに分けた販売手法をいう。それに対し、関連する商品やサービスを組み合わせ、一つのセット商品として提供する販売手法をバンドリングと呼ぶ（パソコンとソフトウエアのセット販売など）。LCCは前者、大手航空会社（フルサービスキャリア）は後者のモデルである（**【図表3‐29】**）。

LCCの場合、航空チケットは格安で買えるが、ただ座席に座る権利を手に入れたというだけだ。座席指定、手荷物の預け入れ、搭乗券の発行といった〝アップグレード〟を望む乗客は、追加料金を払わなくてはならない。つまり付加機能のオプション販売だ。一方、スターフライ

図表3-29　スターフライヤーのビジネスモデル・コンポジション

使命（Mission）		感動のあるエアラインであり続ける
ビジネスモデル（Business model）		ブルー・オーシャンモデル
本質的価値（Essential value）		アンバンドリングによる高コストパフォーマンスの実現
価値創造システム（Value Creating System）	コア・コンポーネント（Core component）	ミドルコストオペレーション
	キー・コンポーネント（Key component）	一流の接客サービスとホスピタリティー
	サブ・コンポーネント（Sub component）	高級感がある革張りのシート、顧客向けのさまざまなイベント、明確なポジショニング（セグメンテーション&ターゲティング）
価値を享受する人（Value taker）		北九州圏内の優良企業関連のビジネスパーソン、乗り心地と価格の両方を求める一般客

ヤーは、運賃体系は基本的にアンバンドリングだが、単一の座席クラス、広い座席間隔、無料ドリンク、三〇キログラムまでの手荷物無料といったサービス面で差別化を図っている。すなわちLCCよりは高いが大手航空会社よりも安い、と顧客が感じる高いコストパフォーマンスを提供しているのだ。

では、その本質的価値を提供するための価値創造システムはどのように構成されているのか。まずコア・コンポーネントは「ミドルコストオペレーション」である。同社はポイント・ツー・ポイント（単一機材による二地点間直行路線の多頻度運航）、単一機材・小型機まではLCCと同じだが、LCCのような機能オプション販売ではなく、運賃の種類を予約日、在住地域、年齢などで数多く設定し、その種類によって機能を設定（限定）している点にある。この独自の機能設定は、ＬＣＣとは異なるアンバンドリングであり、大手航空会社とＬＣＣの中間の価格設定を可能としている。そして、それを強化するキー・コンポーネントが「一流の接客サービスとホスピタリティー」だ。機内の行き届いた細やかなサービスは、大手航空会社と同等あるいはそれ以上であり、その高い接客サービスとホスピタリティーは顧客満足度八年連続ナンバーワンの源泉ともなっている。

またサブ・コンポーネントは、機体同様、黒を基調としたモダンで高級感のある革張りシートや、ゆったりとした座席幅による素晴らしい乗り心地である。他社の座席数が最大一八〇席であるのに対し、同社では一五〇席にあえて減らし、座席間隔を広く設定している。なぜなら、同社の調べによると航空機内での不満事項として「座席が窮屈であること」が七五・四％、「座席の座り心地の悪さ」が三九・三％を占めていたためだ。そして、さまざまな顧客向けイベントの開催や、バリュー・テイカーを的確にセグメントしたポジショニングも重要なコンポーネントである。

同社は北九州に拠点を構える前に、周辺圏内の企業・法人調査を行い、ポジショニングを決めた。本質的価値の「アンバンドリングによる高コストパフォーマンスの実現」を享受するバリュー・テイカーを、「北九州圏内の優良企業関連のビジネスパーソン」に事前設定したのだ。そして、現在は八年連続顧客満足度ナンバーワンという高い評価により、バリュー・テイカーは一般層へと広がり、スターフライヤーを指名して搭乗するファン顧客が増えている。まさに、価値創造システムが一体化され、本質的価値を創造しているモデルケースである。

13 垂直統合モデル

〈垂直統合モデル〉のロジックと概要

垂直統合とは、企業が製品やサービスを市場に供給するため、上流から下流までのサプライチェーン（原料仕入れ～製造・外注加工～出荷・販売～アフターサービス）の活動領域を広げることで、競争力と付加価値を高めていくモデルである。これに対して自社サプライチェーンの付加価値につながらない活動を外部企業に委託し、自社はより付加価値の高いコア領域に活動を集中することを「水平分業」と呼ぶ（本書では「機能特化モデル」として紹介している）。

垂直統合の例を挙げると、卸売企業が小売や製造を行う、または配送や外注を自社に取り込む、仕入れ原材料を自社製造するなどが挙げられる。また企画から製造、小売までを一貫して行うアパレルのビジネスモデル「ＳＰＡ」も垂直統合の一種である。

垂直統合のメリットは、サプライチェーン全体の中間コストを抑え、取り込んだ工程の付加価値を享受できることである。また、製品やサービスのコンセプトに沿った開発・部品製造・組み立てを一貫して行えるため、モノづくりとしての完成度が高くなる。さらに、ブランドや品質・納期なども統制・管理でき、コトづくりでの商品価値も高まる。技術やアイデアが企業

図表3-30　垂直統合モデルのイメージ

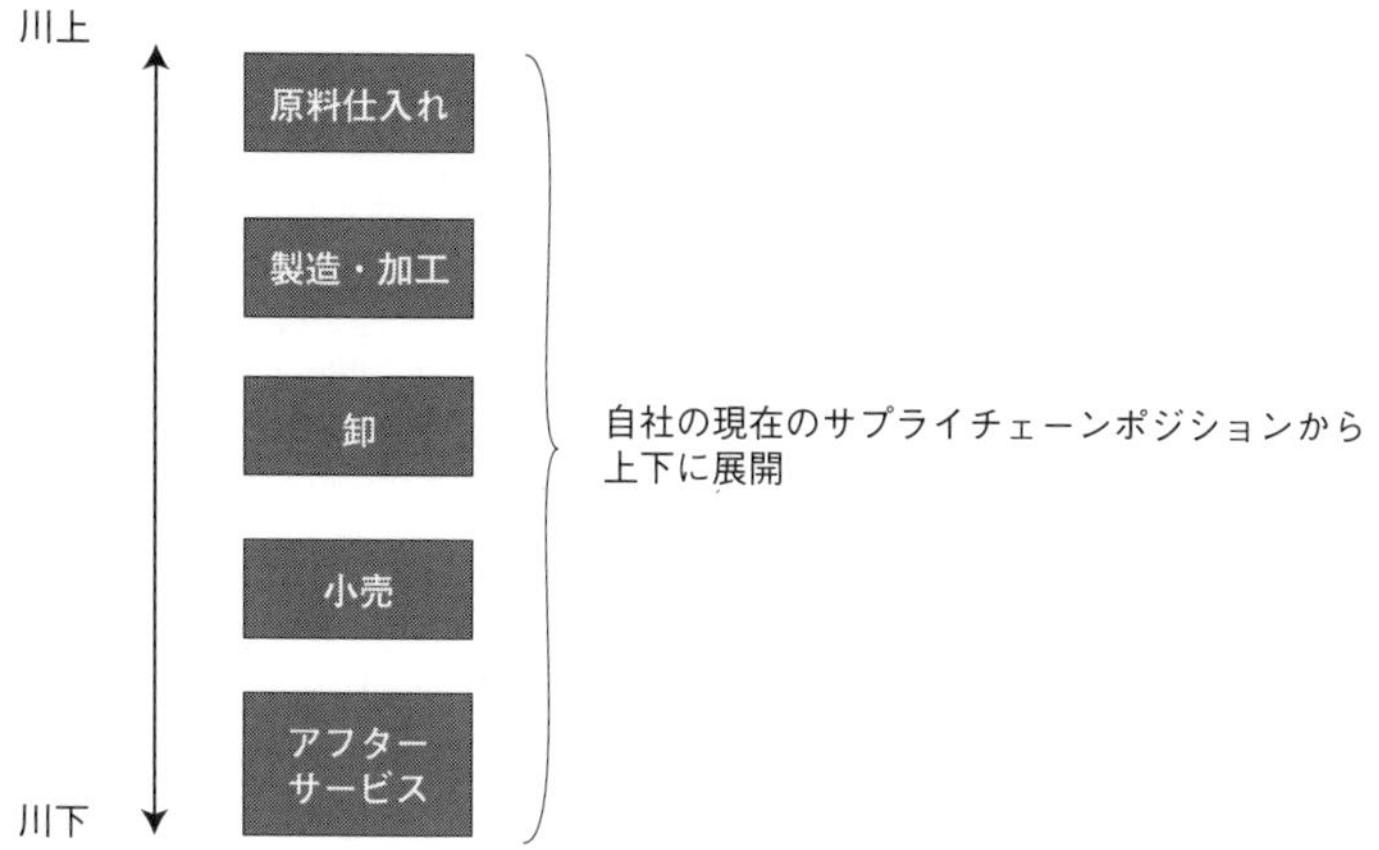

内に蓄積され、機密となるノウハウが社外に漏れるリスクも小さくなるため、企業の競争力をより長く保つことができる（【図表３－30】）。

逆にデメリットとしては、初期設備投資、M&Aの資金や固定費などの負担が大きくなる。よって、ある程度の投資回収期間が必要であり、競争環境や市場ニーズが大きく変化した場合の対応が難しくなる。技術革新スピードが速くなり、製品のライフサイクルが短くなり、価格競争が激しくなってくると、投資回収スピードが落ちる、もしくは回収自体ができなくなる。また、卸売業が小売業を営む際は、顧客（小売店）の活動領域へ進出することになり、自社が顧客のライバルになってしまい、得意先を失うといった難しい面も多い。

〈垂直統合モデル〉の一般事例・類似事例

アイリスオーヤマは、部品も内製する垂直統合モデルであり、卸売も兼ねる「グローバル業態メーカーベンダー」という独自のモデルを構築している。これはメーカーと問屋機能を併せ持ち、さまざまな素材の製品を世界各地から生産・調達するモデルを指す。

では、なぜ同社は垂直統合モデルを採用しているのか？　それには理由がある。

一点目は、同社の主力事業がプラスチック収納ケースやＬＥＤ照明、家電製品などコモディティー商品（汎用品）であることだ。販売先はホームセンターなどの量販店で、競争による価格要求が厳しい。また、年間一〇〇〇以上の新商品を開発することから、商品アイテム数も多いことが背景にある。例えば、部品メーカーから部品を調達すると、資材購買費の中に部品メーカーの営業コストなどが含まれるし、流通コストも同様だ。同社は垂直統合によって、その中間コストを排除している。

また、製造業は原価を下げるため生産設備の稼働率を重視するが、顧客は量販店、つまり欠品（機会ロス）との戦いであるため、同社は逆に稼働率をあまり高くしない。確かに水平分業型の大手メーカーは「選択と集中」によって効率はよいが、供給過剰になると価格が下がり、サプライチェーンの生産と価格コントロールが難しくなる。他方、同社は自社生産かつ商品アイテムを豊富に持っているため、商品に競争力がなくなれば、すぐに生産をストップできる。そして生産と物流はグローバルに展開し、トータルでコストをマネジメントできる点が強みだ。
二点目は、徹底したユーザーイン（マーケットイン）発想による製品・事業開発力だ。重要視しているのは、ものをつくること以上に顧客のニーズをつかみ取ること。二〇〇二年より店頭で商品を説明する「ＳＡＳ（セールス・エイド・スタッフ）」を配置し、その後ホームセンター事業もＭ＆Ａにより自社に取り込み、エリアを限定して展開している。そこから入手する消費者の生の声が、ライバルに先んじて新製品を開発し続ける同社の原動力となっている。消費者の生活の変化を捉えて製品を開発し、新たな価値を提供して、生活スタイルを変える商品を生み出すことで、会社の核となる事業を展開しているのである。

三点目は、製品の価格決定プロセス（引き算のプロセス）だ。「製品価格＝利益＋販売管理費＋原材料費＋製造経費」という数式を成立させるために、同社は金型の製作から材料に使うくぎやねじまで内製化している。よって、同社の工場は〝デパートメントファクトリー〟と呼ばれ、一つの工場の中にプラスチック加工、金属加工、木工、プレス、塗装ラインなど多種の工程と機械を持ち、多品種少ロット生産に対応している。

四点目はスピードである。モノづくりは目的ではなく、あくまでプロセス。製造現場や開発チームが知恵を絞り、想定価格を四カ月で実現する。内製化比率を上げて原材料の共通化などを徹底する。繁忙期にも柔軟に製造ラインを切り替えて増産体制をとることができる。たとえ価格で海外勢に負けても、顧客や消費者の不満を解決する価値を生み出せれば、総合的な価値を提案できる。同社が培ってきたユーザーインの発想で開発すれば、海外の格安商品にも勝つことができるのだ。

その他、良品計画やニトリ、ファーストリテイリング、小泉アパレルなどさまざまな企業が垂直統合モデルを展開している。業界は異なるが、これらの企業に共通しているのは、「高付加価値＝高収益」ということである。垂直統合モデルのメリットを最大限に生かしているのだ。

タカカツホールディングスのビジネスモデル

タカカツホールディングスは、宮城県北部に位置する大崎市に本社を構える、業歴六〇年を超える住まい関連企業グループである。一九五五年に建材卸の「高勝材木店」としてスタート。プレカット製造販売、住宅建築、大型木造建築、住宅リフォーム、不動産・中古住宅流通へと事業領域を拡大し、直近では製材事業へと川上展開を果たした、垂直統合モデルである。

同社の最大のターニングポイントは、川下事業（B to C事業）への進出だった。建材加工・流通を本業とする会社が、顧客である地場の工務店・ビルダーと競合しかねない住宅・リフォーム事業を展開するのだから並大抵のことでは決断できない。当然、周囲の反発も大きかった。しかし同社は、それまで以上に地域の工務店・ビルダー支援を強化することで、一見矛盾する事業展開を成立させた。

背景には、ホームセンター事業（現在は売却済み）で培ったサービス業のノウハウもある。垂

図表3-31　タカカツホールディングスのビジネスモデル・コンポジション

使命（Mission）		地域の森・人・産業を守り、ふるさとを元気にする
ビジネスモデル（Business model）		垂直統合モデル
本質的価値（Essential value）		地域密着・深耕による快適な住まいのサポーター
価値創造システム（Value Creating System）	コア・コンポーネント（Core component）	加工（製材、プレカット）＋建材卸機能による原料コスト力
	キー・コンポーネント（Key component）	BtoBビジネスとBtoCビジネスの共存運営
	サブ・コンポーネント（Sub component）	豊富な商品バラエティー(新築～リフォーム～不動産・中古流通)によるワンストップサービス、ビルダー向けサポートセンター（長期優良住宅や設計性能表示、フラット35、確認申請）、限定マーケットへの集中
価値を享受する人（Value taker）		BtoC事業:宮城県北在住の市民 BtoB:地場の工務店、ビルダー（法人顧客）

直統合により、建材加工・流通事業だけでは実現できない売上規模と利益率を確保している。同社の地元経済への貢献度は大きく、住宅関連市場のエリアポジションもトップ水準にある。

このビジネスモデルによって、タカカツホールディングスが創出している本質的価値は、「地域密着・深耕による快適な住まいの提供」である（**【図表3-31】**）。そして、この本質的価値を享受しているバリュー・テイカーは「宮城県北在住の市民」と「地場の工務店、ビルダー（法人顧客）」である。つまり、限定された地域における住まいのサポートを一般顧客の住民だけでなく、同業の工務店やビルダーにも同時に提供しているということである。

この本質的価値を提供するための価値創造システムのコンポーネントは次の通りだ。

まずコア・コンポーネントは「加工（製材、プレカット）＋建材卸機能による原料コスト力」である。第一ステップは、祖業である建材卸から、プレカット業へ川上展開することによって付加価値を付け、工務店やホームビルダーに供給すると同時に、自社ブランド住宅への部材供給も可能にした。第二ステップは、製材事業へのさらなる川上展開である。従来、製材業は典型的な縮小産業であり、技術の難易度は極めて高く、新しい設備を更新しただけでも品質安定までに時間がかかる。利益を出している企業は数少なく、廃業する事業者も後を絶たない。この極めて難易度の高い事業に同社は進出した。もちろん、自家消費できることが背景にあるが、購入していた製材を自社生産に置き換えることによるコストダウン効果は大きく、住宅販売における利益貢献は高い。加えて、地域活性化のため、宮城県の杉を多く使うことも製材事業に進出した背景にある。

このビジネスモデルの鍵を握るキー・コンポーネントは、「B to BビジネスとB to Cビジネスの共存運営」である。本来は、同じ地域で垂直統合モデルを展開する場合、卸の顧客と川下で商売がバッティングし競合状態となることから同時運営は難しいが、同社はそれをバランスよく実施している。これができるからこそコア・コンポーネントのコスト競争力が強化される。

そして、サブ・コンポーネントが「ビルダー向けサポートセンター（長期優良住宅や設計性能表示、フラット35、確認申請）」である。先述の通り、同社は建材卸から顧客の領域（川下）に展開した。当時の周囲の反発は大きく、相当な顧客離れも起こった。そこで建材流通の顧客である地場工務店やビルダーを他の側面からも支援できないかと考えた。それがサポートセンターである。中小の工務店やビルダーが最も不得手とすることをサービス展開し、顧客の支持を取り付けた。ライバルではなくサポーターというポジションを顧客が認めてくれた証しだ。

一般顧客に対しては、「豊富な商品バラエティー（新築～リフォーム～不動産・中古流通）によるワンストップサービス」が挙げられる。新築住宅ブランドはＦＣを含めて三つ。主軸の「高勝の家」は宮城県の杉をふんだんに使い、自由設計・セミオーダー・規格住宅をラインアップする。また、「ＢＥＳＳ」というログハウスを長く展開しており、感度の高い顧客から絶大な支持を受けている。リフォームはショールームを六店舗でドミナント展開するほか、宮城県北に密着してサービスを展開している。不動産事業では、土地売買、新築建売、中古流通まで展開している。同社に行けば、住まいに関するすべての課題が解決できる。限定マーケットに経営資源を集中投下しているからこそ、ブランド力が高まり、成果を上げているといえるだろう。

製材から住宅まで垂直統合している会社は、大手以外では少ない。地域でこのビジネスモデルを確立するためには、勇気と覚悟と地域を想う強い気持ちがなければできない。同社は紆余《うよ》曲折《きょくせつ》の末に地域の住まいサポーターを創り上げた、垂直統合型ビジネスモデルの好事例である。

14 コングロマリットモデル

〈コングロマリットモデル〉のロジックと概要

コングロマリットとは、多種の事業を運営する複合企業を指す。多角化経営やポートフォリオ経営とも呼ばれる。形態としては大きく二つあり、主力事業を中核に周辺事業へ進出するものと、ミッションやルールに基づき異業種・異分野へ進出するものがある（**【図表3 - 32】**）。

小売業でいえば、前者はセブン&アイ・ホールディングス、後者はかつてのダイエーである。セブン&アイの場合、スーパーマーケットを中心にコンビニエンスストア、レストラン、百貨店、金融（店舗ATMによる決済専業銀行）など周辺事業へ拡大した。一方、ダイエーは「よい品をどんどん安く」「より豊かな暮らしに奉仕」というミッションのもと、小売業だけでなくホテル、外食、出版、金融、建設、大学、プロ野球など、異分野に事業を広げた。

コングロマリットモデルのメリットとしては、事業同士が互いに連携して販売や技術、製造、ブランディングで得られるシナジー効果や、複数の異分野で事業を展開することによるリスク分散効果などが見込まれ、企業グループ全体の価値を向上させることが挙げられる。また、それぞれが独立した事業であることから、売却や再編など事業構造・収益構造改革などが行いやすい。逆にデメリットとしては、複数の異業種を経営する難しさがある。期待した効果が得ら

図表3-32　垂直統合モデルのイメージ

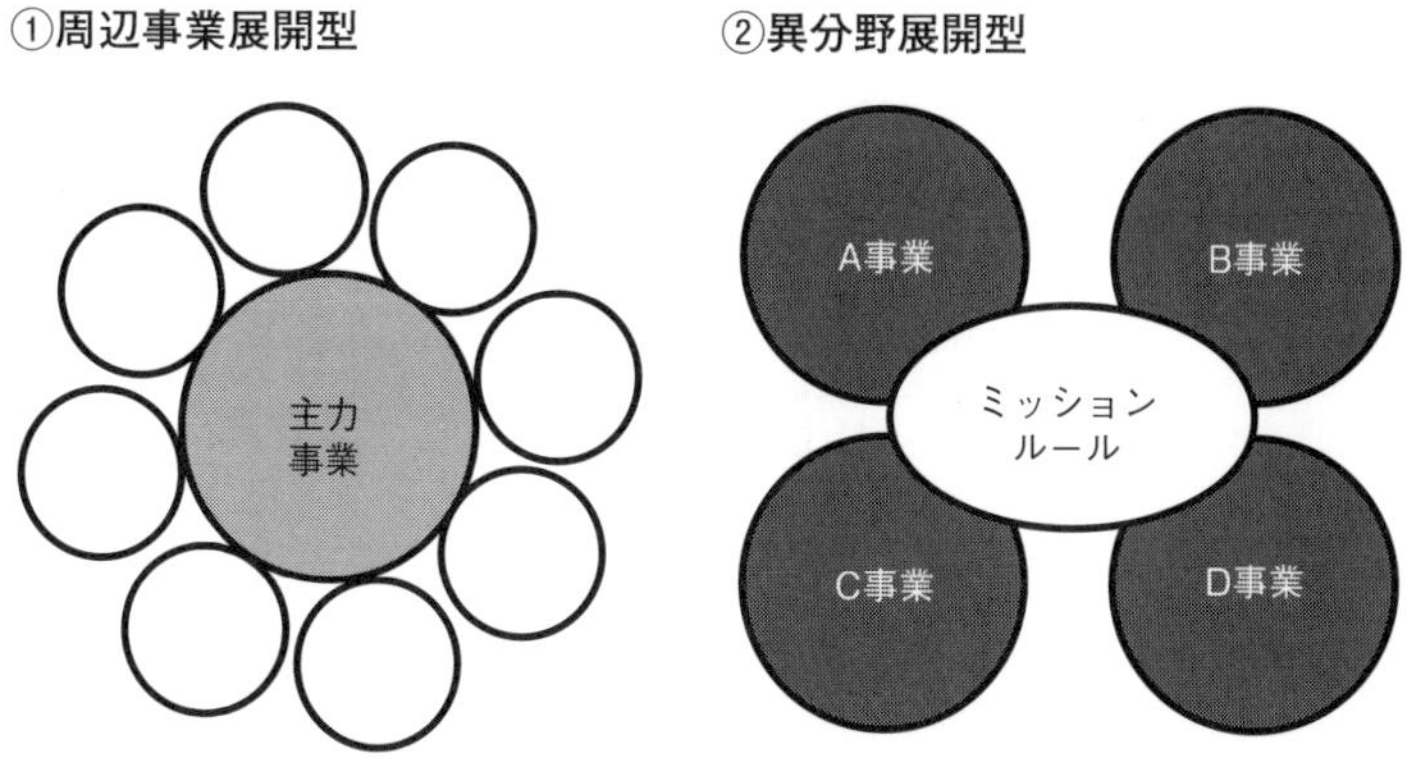

れず、収益悪化も起きやすい形態であり、先述したダイエーのように競争力を失った企業も少なくない。

しかしながら、コングロマリット化は、企業が持続的成長を果たす上でも重要なモデルである。事業にはライフサイクルがあり、いつかは衰退サイクルに入る。企業規模の大小問わず、絶えず周辺領域への展開や、新規事業開発を行っていなければ持続的成長は難しいからだ。例えば米国を代表するコングロマリット企業のＧＥは、新規事業開発、事業のスクラップ＆ビルドを徹底していることで知られる。巨大企業にもかかわらずベンチャー企業並みのスピードで事業を動かし、常に高収益を生むポートフォリオを構築している。米国で一八九六年にダウ平均株価が算出されて以降、その構成銘柄として残存しているのはＧＥ一社だけであることが、このモデルの重要性を示唆している。

ちなみにこのモデルは、日本でも古くから存在している。三井、三菱、住友などの戦前の財閥（非公開の同族企業群、コンツェルン）が代表例である。財閥は、官業払い下げを含めた多くの事業買収により事業基盤を構築し、造船、炭鉱、金属などの工業化を推し進めた。一九三〇年代には日産コンツェルンが傘下企業の株式公開と組み合わせた積極的なM＆A戦略を展開し、水産、石炭、金融などの分野において、欧米並みのコングロマリット戦略を実践した。

〈コングロマリットモデル〉の一般事例・類似事例

◎大企業事例

現在の日本では、旧財閥系の大手総合商社、ソフトバンクグループ、NTT（日本電信電話）、ソニー、楽天などが代表的なコングロマリットといえる。これらのうち、大企業での事例としてソニーと楽天の二社を挙げ、それぞれの原点と現在のセグメントを紹介したい。

【ソニーの事業セグメント】原点：テープレコーダー、トランジスタラジオ

①モバイル・コミュニケーション、②ゲーム＆ネットワークサービス、③イメージング・プロダクツ＆ソリューション、④ホームエンタテインメント＆サウンド、⑤半導体、⑥コンポーネント、⑦映画、⑧音楽、⑨金融

ソニーは電気通信機および測定器の研究・製作を目的に設立（一九四六年）。紙ベースの録音テープ「ソニ・テープ」（一九五〇年発売）や、トランジスタラジオ「TR‐55」（一九五五年発売）など日本初の製品を次々と開発して大きく飛躍した。現在の事業領域はエレクトロニクスを中心に、映画・音楽などのエンターテインメントやゲーム、メディカルへと幅広く展開しており、原点事業から派生した周辺展開型コングロマリットと見て取れる。

【楽天の事業セグメント】原点：インターネット・ショッピングモール「楽天市場」

①エレクトリックコマース、②ライフ&レジャー、③通信&メディア、④スポーツ、⑤インタラクティブ、⑥カード&ペイメント、⑦証券、⑧銀行、⑨保険

楽天は一九九七年設立という新しい企業であるが、現在は創業事業（インターネット・ショッピングモール）から大きくかけ離れた異業種展開（オンライン株式販売、クレジットカード発行、プロスポーツ事業）を見せており、もはや業態を定義できないグループを形成している。ソニーとは異質のコングロマリットである。

このように、一概に「コングロマリット」といっても、グループを構成する事業構成は百社百様である。

◎中小企業事例

もう一つ、中小企業におけるコングロマリット化に向けた取り組み事例として、福島県大玉村に本社を構える向山製作所を紹介しよう。同社は、数ミリから数センチ単位の部品を電子基板にはんだ付けする高度な「マイクロソルダリング」（微細はんだ付け）技術を有し、上場企業の技術指導まで行っていたアッセンブリーメーカーである。順調に業績を伸ばしていたが、バブル崩壊により経営不振に陥った。その後業績は回復したものの、下請けのリスクを痛感した同社は事業の多角化に乗り出した。

そこで、福島を訪れた人々に喜んでもらえるような食品（スイーツ）をつくりたいという、かねてからの夢もあり、なんとフードビジネスに参入した。開発したのは「歯につかない生キャラメル」だ。工場にあるガス台と鍋でつくれること、電子部品の工場で働く従業員でもつくれることが前提だった。この生キャラメルは新聞やテレビなど全国のメディアで取り上げられ、連日完売。伊勢丹新宿店との取引や、大手航空会社の欧米全便での搭載も決まった。だがそんな折、東日本大震災が発生し、風評被害によって取引は中止。それでも諦めずに、世界最大のチョコレートの祭典「サロン・デュ・ショコラ パリ」に出展して高い評価を受けた。それによって日本であらためて日の目を見ることができ、現在は商品も拡充、順調に業績を拡大している。

なお、同社は売上高が一〇億円に満たない中小企業である。新規事業開発に振り向けるだけ

図表3-33　小泉グループのコングロマリットモデル

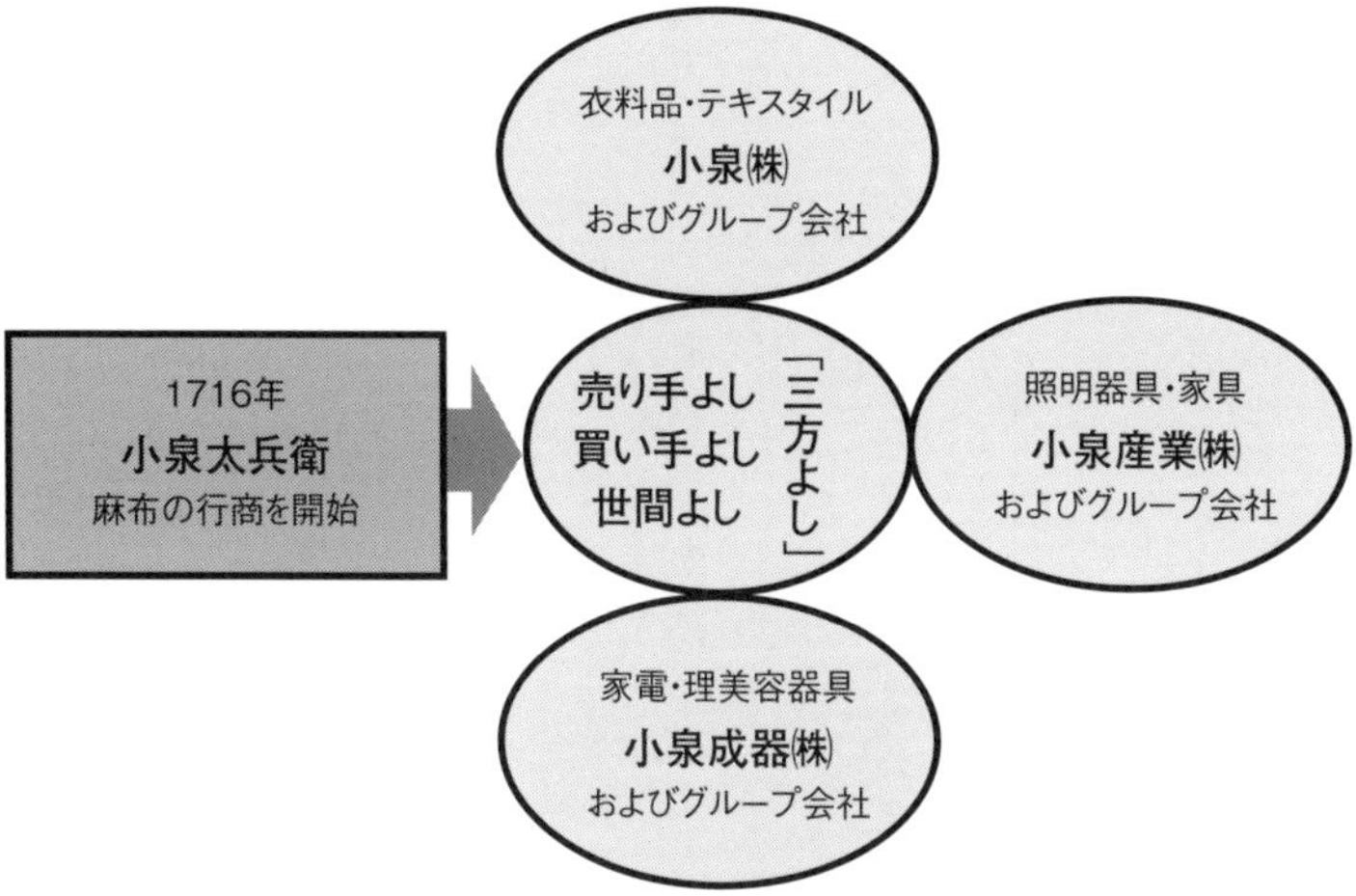

の資金も人材もないという限られた経営資源の中で、逆境を糧にフードビジネスへの多角化を成功させた好事例である。

小泉グループのビジネスモデル

小泉グループは、「小泉株式会社グループ」（衣料・テキスタイル）、「小泉産業グループ」（照明器具・家具）、「小泉成器グループ」（家電・理美容器具）という三つのグループで構成（企業数合計一八社）され、全体の総売上高は約二〇〇〇億円規模である（【図表３‐33】）。

小泉グループのルーツは一七一六年、江戸幕府第八代将軍の徳川吉宗が「享保の改革」を開始した享保元年までさかのぼる。近江商人発祥の地とされる滋賀県五箇荘（現在の東近江市）で、商祖・小泉太兵衛が麻布の行商を始めたのが原点であり、グループの業歴は三〇〇年を超える。

その後、呉服、繊維から照明、家具、日用家電品の分野にまで広がり、グループそれぞれが近江商人の「三方よし」精神に基づき、社是「人格の育成向上」を共有しながら事業を展開している。

なお、このコングロマリットモデルは事業そのものではなく、全社レベルでの事業創造とマネジメントのモデルである。そのため、事業が生み出す価値の構造体系であるビジネスモデル・コンポジションを作成していない。正確には、小泉グループが展開する事業ごとにビジネスモデル・コンポジションが存在しているが、ここでは同グループがコングロマリットモデルを確立した経緯に学ぶべき点が多くあるため、そこに焦点を当てていく。

小泉グループの歴史をさかのぼると、次の四つのステージにまとめることができる（参照／小泉産業ホームページ「KOIZUMI HISTORY」）。

(1) 第一ステージ「『三方よし』の理念確立」（一七一六〜一八七〇年）

小泉グループの商祖・小泉太兵衛は、近江国五箇荘・箕作山《みつくりやま》のふもとで生まれた。太兵衛はもともと武士の出だったが、農民に転身した後、近江の特産品だった麻布を担いで諸国を巡る行商を始めた。

この時代、盛んに他国へ出かけ商いを行った近江商人は、独特の商道徳を有していた。それが「三方よし」、すなわち「売り手よし・買い手よし・世間よし」という考え方である。太兵衛も、小泉家の家訓として「お得意様、お客様の信用・信頼を得ることを何事にも優先する」「投機的な仕事、濡れ手に粟の商法は厳しく戒める」などの信条を残していることから、三方よしの精神を基本に商いに打ち込んでいたことが分かる。この精神は現在の小泉グループにおける理念として、脈々と受け継がれている。

太兵衛の没後、孫の新助が五箇荘にて「近江屋新助商店」を開業。そして一八四七年には京都・富小路六角（京都市中京区）で呉服・反物の店を出店し、京都への進出を果たした。

(2) 第二ステージ「小泉グループの確立」（一八七一〜一九五六年）

一八七一年、当時の日本経済の中心だった大阪・船場の備後町に「立木屋森之助商店」を出店した（現在、当地に小泉産業・小泉成器が本社を構える）。一九〇四年に、同族経営者五人の出資により「小泉合名会社」が設立され、一〇年後に解散したものの、発起人の一人で太兵衛から一二代目に当たる三代目重助（小泉グループの実質的創業者）が店を継ぎ、一九一五年に「小泉重助商店」が発足（四一年に小泉商店へ改称）した。重助は精力的に欧米や中国を視察して新時代のビジネスを学び、特徴のある特殊品を扱うことを経営の根幹に据え、商店は成長を遂げていく。

だが太平洋戦争が勃発すると、戦時統制の影響で商店の売上げが伸び悩んだ。また軍需産業への生産集中を目的に、販売員などを対象とした男子就業禁止令が出されたことで従業員の就労が難しくなった。そこで一九四三年、男性従業員が徴兵・徴用されない軍需産業を営むため、M&Aによって航空機のゲージなどを製造する企業を取得。小泉産業・小泉成器の前身「五光精機工業」を設立し、製造業のノウハウを獲得した。

戦争が終わると大阪で再出発を図り、当時不足していた生活用品の卸業を開始した。小泉商店が最初に手掛けたのは、パンが焼け、米も炊ける「電熱器」だった。さらに、中小製造業や町の発明家が開発した製品を販売する製造卸業を本格化させた。

日本は戦後、基幹産業が製造業へシフトしたが、同社も問屋（卸売業）からメーカーへと進出した。小泉グループのコングロマリット化は、ここから始まったといえる。

(3) 第三ステージ「独自開発機能の確立」（一九五七〜一九八八年）

高度経済成長期の一九五〇年代、五光精機工業から改称した小泉産業が照明器具市場に本格参入を始めた。一九五七年から「ヒカリ照明器具」のブランドで照明器具を発売。デザイン性、インテリア性といった時代の求める要素を盛り込んだ新しい製品を市場に送り出していった。

照明事業を本格化させる一方で、一九六〇年代より家具市場にも進出した。家具専門店が扱っていない独自商品の開発に取り組み、ガスコンロを組み込んだダイニングテーブルや、年間を通じて使用できるコタツなど、「複合化発想」によるヒット商品を次々と生み出した。また、業界初の蛍光灯付き学習机「蛍雪」を発売。一九七一年には「白熱灯＋蛍光灯」式の学習机「ライダーデスク」を発表、空前の大ヒットとなった。

一方、繊維事業を営んでいた小泉商店は、一九四六年に小泉へ改称。一九六〇年にアパレル部門を設置し、一九六八年にはミセス向けの基幹ブランド『里麻』を立ち上げた。一九八三年には小泉アパレルを分社化し、ＳＰＡ型事業へ本格参入した。ＳＰＡ企業の販売チャネルは百貨店や専門店が多いが、同社は差別化を図るため業界で初めてＧＭＳ（総合スーパーマーケット）に出店する戦略を採用。後発アパレルながらＧＭＳをパートナーに自社ブランドを拡販していった。

(4) 第四ステージ「事業ブランディングの確立」（一九八九～二〇〇五年）

小泉産業は一九八九年に商事事業部門を分離し、小泉成器を設立した。家電製品や家庭用品を扱う卸事業と、照明器具や家具の製造・販売事業を明確に分けることで、小泉産業は「ブランドメーカー」への歩みを本格的に開始した。

一九九一年、照明事業部門に「開発技術センター」を開設、さらに直営の照明器具製造工場となる「コイズミライティング」を設立した。家具事業では、複合化発想という独自性を磨き上げ、ＬＤ（リビング・ダイニング）空間のトータルコーディネートをはじめ、数々の新しい生活提案によって総合家具メーカーとしての地歩を固めた。

またアパレル事業では、多ブランド展開による「垂直統合×複合化」モデルを創っていった。

図表3-34　小泉グループの系譜

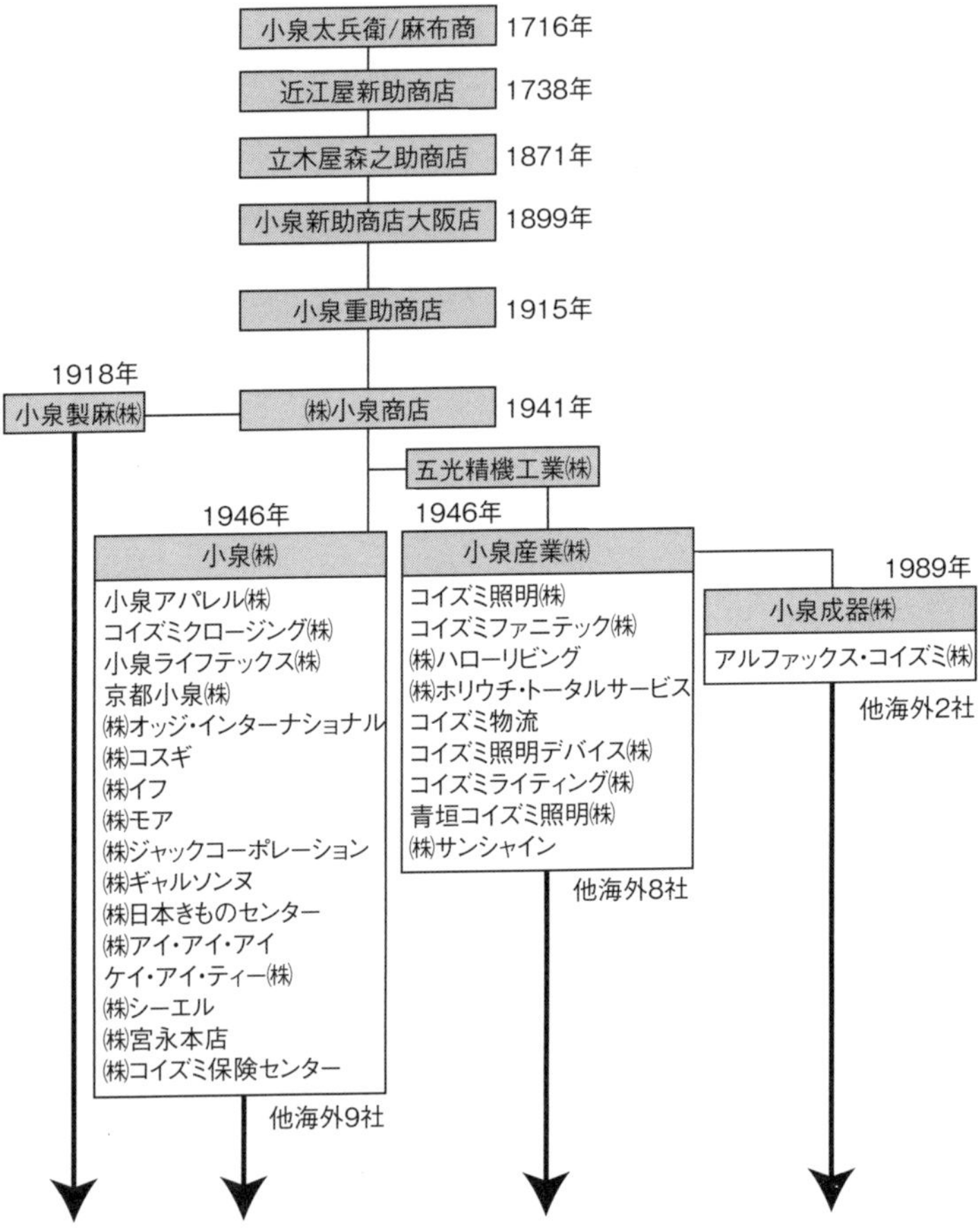

各ブランドにはデザイナーを配し、企画から販売まで一貫して小泉アパレルが行うことにより、ブランド力強化を図っている。さらには『タイムアイ』と呼ばれる、自社ブランドを集結させた複合大型ブランド店の店舗開発も進めている。

この期間は事業ブランディングにより、コングロマリット経営が確立したステージといえる。

小泉グループは繊維業で創業し、時代環境に応じて卸売業、製造業と業態転換を進め、三つのグループを構築した。三〇〇年の歴史が築いた環境適応型の異分野展開コングロマリットであり、誰にもまねのできない強固なビジネスモデルを形成している。

近年はM&Aを加速させているが、根底にあるのはグループをつなぐ「三方よし」の理念（価値判断基準）と、「新規製品・新規事業開発のスピリット」だ。利益と成長だけを追い求めても、強固なコングロマリットは形成できないことを、小泉グループの歴史が物語っている。

第4章

イノベーションを生み出す組織改革

1　ビジネスモデルが規定する組織

会社を設立し、イノベーティブなビジネスモデルをゼロからスタートアップするケースとは違い、既存のビジネスモデルをイノベーションする場合、最も高くて厚い壁は、市場環境や競合企業などの外部環境ではなく、自社の組織そのものである。コンサルティングのクライアント企業、ビジネスモデルイノベーション研究会で出講いただいた企業、メディアで取り上げられる企業を含め、ビジネスモデルのイノベーションに成功した企業はすべて自社の組織風土や人材マネジメントのイノベーションを実践している。つまり、組織・人材のイノベーションなくして、ビジネスモデルのイノベーションは成立しない。

経営学において「組織は戦略に従う」というフレーズと、「戦略は組織に従う」という相反するフレーズがある。前者は経営学者アルフレッド・チャンドラーの提言であり、後者は第2章で紹介した成長戦略マトリクスの提唱者イゴール・アンゾフの提言だ。ただし一言で組織と言ってもさまざまな要素を含んでいる。チャンドラーが戦略と組織構造について語っている[*9]のに対し、アンゾフは組織能力を軸として提言[*10]している。

論理的に考えれば、戦略を実行するために組織が設計され、適材適所の人員配置がなされるということは正論であり、まさに「組織は戦略に従う」べきである。しかしながら、既存の戦略やビジネスを遂行してきた組織には、そのための能力や風土が備わっている。現在の組織は、現状の事業を効率的に運用できるように組み立てられ、社員は現在の顧客に満足してもらえる能力を身につけ、それを正当な職務として日々働いている。いくら有望な新市場を発見し、素晴らしい参入戦略が策定できたとしても、それを遂行するための組織能力がなければ絵に描いた餅で終わってしまう。だからこそ、机上の空論で終わらない有効な戦略は組織能力に従うべきであるとの考えに至る。これはいわゆるケイパビリティー派の理論の核になっているが、現実的にはこの傾向（戦略は組織に従う）が強いと私は感じている。

中堅・中小企業は、組織・人材の能力によって戦略に制約が生じることが多く、それに従わざるを得ないだろう。一方、大企業であれば、豊富な経営資源を活用し、その能力を有する人材を多く採用して戦略を実行できるレベルに組織能力を強化すればよいとの主張もある。もちろんそれも正論であり、成功している企業が存在する。だが、その通りに実行した大企業でも新たな戦略推進やイノベーションがうまくいかないケースは多い。経営資源の制約が問題なのではない。その主な原因は、現状の経営資源との矛盾や組織風土・価値観にあることが多い。

例えば、全国に広く整備された販売代理店を持つメーカーは、そのパートナー企業と利害が衝突するため、いくら旺盛な顧客ニーズがあっても、簡単にＷｅｂでの直接販売はできない。現状のビジネスモデルでの重要なコンポーネントが、逆に足かせになってしまっている例だ。

ＢtoＢで圧倒的な実績と能力を有する大企業がＢtoＣではうまくいかないケース、技術力で伸びた企業がサービス事業に進出して失敗するケースなどは、もともと有している組織能力と異なるものが求められるためでもあるが、従来のビジネスとの価値観の違いが大きい。

ビジネスモデルは、「誰に」「何を」だけでなく、「どのように」というオペレーション部分まで統合したものであるため、極論すれば企業そのものである。現在の組織や人材、マネジメントシステムなどすべては、現在のビジネスモデルを遂行するために構築されている。ビジネスモデルを革新するということは、現在の組織や人材、マネジメントシステムまで変えていかなければならないということだ。冒頭で述べた通り、組織・人材のイノベーションなくして、ビジネスモデルのイノベーションは成立しない。

では、価値観や組織風土とは何なのだろうか。チャンドラーのいう組織は「構造」を意味するため、経営資源の再配分という戦略的意思決定によって、組織編成を再設計することも人員体制を見直すこともできる。何より、組織図も人員配置も目で見ることができる。それに対し、組織の能力や風土、価値観などはコンセプチュアル（概念的）なため、具体的に見ることができない。抽象的で見ることのできないものを改革することは非常に困難だ。さらに、組織構造はトップダウンによって短期間で実施し、変えることができるが、組織の能力や風土、価値観は企業の長い歴史の中で培われ、醸成してきたものであるため、短期間での改革は難しい。

ビジネスモデルの場合、「誰に」「何を」「どのように」という三要素と、それを構成するコンポジションを変えることでイノベーションを実現していくが、組織の場合、何を変えることによってイノベーションできるのか。まず、何が企業特有の組織風土を醸成するのか、そのファクターをビジネスモデル・コンポジションと同様に因数分解して理解する必要がある。

2 組織風土コンポジション

組織風土を醸成するファクターは全部で八つあり、これらの集合体を「組織風土コンポジション」と呼ぶ（【図表４-１】）。

(1) ミッション（使命）

ビジネスモデル・コンポジションでも示した通り、組織風土においてもミッションが基礎ファクターとなる。ミッションは企業の存在価値と社会的使命を明記したものだが、これはその企業で働く社員の存在価値と社会的使命に直結する。企業が何のために存在するのかが明確になっていれば、社員は何のために働くのかという仕事そのものに対する本質的価値を見いだすことができる。もちろんベースとして、食べるために働くという根源的な目的はあるが、もしそれが本質だとしたら、なぜ世の中に無数にある職業の中から現在の職業を選んだのかという問いに答えることはできない。

現実問題として、企業は可能な限り多くの収益を上げなければならない責任を、さまざまなステークホルダーから負っているため、社員も日々の業務の中では、常に業績目標や営業数値、原価低減や厳しい納期、難しい顧客対応などと向き合い、必死になって働いている。逆説的に

図表4-1　組織風土コンポジションの概要

組織風土コンポジション		概念・内容
使命（Mission）		企業の存在価値。社会的使命と役割
行動指針・行動規範（Credo）		企業の価値観や行動指針・行動規範
ビジネスモデル（Business model）		ミッションを遂行するために構築されるモデル
人員構成（Team composition）		経営者から一般社員まで含む組織の中の人員構成
マネジメントシステム	人事評価システム	企業内で人事処遇を決定するための評価基準と制度
	業績管理システム	企業内で部門や拠点、社員などの業績を図る基準と管理する制度
	コミュニケーションシステム	企業内のさまざまな部門や階層が情報共有する仕組み、会議体など
	意思決定システム	企業内で案件ごとに意思決定を行うためのルールおよび制度

なるが、だからこそミッションを常に仕事の価値観の中核に据えなければならない。食べるためだけに働き、なんとなく今の仕事を選び、嫌々目標と向き合っている人に良い仕事はできないし、真のプロフェッショナルになることもできない。企業が明確なミッションを掲げ、それを浸透させることによって、社員は職務使命感を持ち、誰もが同じベクトルを持って、社会のため、顧客のために仕事に打ち込むことができる。

基礎ファクターであるミッションが明確で浸透している企業は、それをベースとした組織風土が醸成される。そうでない場合は、社員それぞれがバラバラの価値観を持った一体感のない組織風土がつくられていく。先述したソニーや本田技研工業は技術による社会貢献を高らかに掲げている企業であり、創業者が世を去った後もその理念は後進に脈々と受け継がれ、一流の技術者たちが誇りを持って働く組織風土が醸成されている。その組織風土が社風として世の中にブランディングされれば、その使命・理念に共感し、それを志す人たちが入社してくることになり、さらに強固なものになっていく。

(2) クレド（行動指針・行動規範）

クレドとは、ラテン語（Credo）で「信条、信念、指針」を意味する。ジョンソン・エンド・ジョンソンの「我が信条（Our Credo）」や、ザ・リッツ・カールトンの企業理念「ゴールドスタンダード」に盛り込まれているクレドなどが世界的に有名であり、ご存じの方も多いだろう。クレドが信条や信念を意味するため、大きく企業理念や経営指針などを含めることもあるが、ここではクレドを「信条に基づく社員の行動指針・行動規範」とする。

ミッションや理念は企業の存在価値を示す大きなテーマである。その大きく抽象的なテーマに基づき、社員が価値基準として常に意識し、具体的に行動するための指針となるもの、それがクレドだ。クレドという言葉ではなくても、社是、行動指針、行動規範など会社によって呼び方はさまざまだ。また、明文化されていなくても、創業者の言葉や思想、経営トップの発言や行動などによって、自然と組織の行動基準が形づくられていくこともある。クレドは行動そのものの指針であるため、浸透していればいるほど組織風土への影響度は高い。

世界に冠たるイノベーター企業グーグルは、巨大な組織になってもイノベーションを生み続けられるよう、社内で「イノベーションを生み出す五つの原則」という指針を周知している。それは、①最初から完璧を求めない、②不可能と決め付けない、③ユーザーに焦点を合わせる、④共有はアイデアを生む、⑤データを基に考える、である。そして、「ムーンショット」を積極的に奨励している。ムーンショットとは、言葉通り「月ロケットの打ち上げ」を意味する単語だが、転じて「壮大な挑戦」として使われている。実際、グーグルがリリースしているもの、取り組んでいるものは、ムーンショットと呼ばれるにふさわしいものが多い。

この原則がグーグル社員の行動規範となり、全員が同じ価値基準で仕事に取り組んでいる。つまり、ムーンショットを狙うイノベーティブな組織風土が醸成され続けているということだ。

(3) ビジネスモデル

「誰に」「何を」「どのように」を含むビジネスモデルは、企業そのものであるため、企業の組織風土の醸成にも大きな影響力を与える。どの業界に属しているか、その業界でどのようなポジションにいるかによっても大きく異なる。例えば、長い間大きなイノベーションが起きていない業界や、法規制などで参入障壁が高く競合企業がほとんどいない業界などは、保守的な組織風土が生まれやすいし、そもそも変える必要性も感じない。同じ業界に属していても、トップシェアを持つリーダー企業と下位企業では組織風土が異なる場合も多い。

特に、「誰に」という顧客特性によって、組織風土は大きく変化する。自社ブランドを持つ開発型メーカーと、その製造や加工を請け負う下請け型メーカーでは、同じ業界の同じ業種であっても組織風土はまったく異なる。特定の企業と取引しているB to B企業と不特定多数の顧客に対応するB to C企業では、社員に求められる資質や能力が異なり、当然、組織風土も異なってくる。また、同じB to B企業あるいはB to C企業でも、収益モデルによって違いが出てくる。毎月使用されてリピートオーダーが来る消耗品のようなベースモデル型企業と、機械設備や建築などのように毎回ゼロの状態から受注を取るスポットモデル型企業では、営業スタイルから社内業務処理のオペレーションまでほぼすべてが異なるため、組織風土も違うものになる。

売上げの大半を特定企業からの受注が占めている下請け型企業の場合、企業として最も重要な価値判断基準は、その大口顧客の要求にどれだけ正確に応えられるかだ。顧客が設計図面から原材料、製造方法、検品基準まですべてに指示することも多い。そうすると、どうしても指示待ち、受け身体質の組織風土が生まれやすい。儲からない下請けビジネスから脱却し、自社製品を開発してビジネスモデルを変革しようとしても、開発型メーカーに求められる創造性に富んだ活発な組織風土には、そう簡単に変えられない。営業にしても、下請けの場合は顧客から声が掛かるのを待つ場合も多いが、開発型メーカーになるとチャネル開拓やプロモーションなど、営業は今まで経験したことのない、さまざまな役割を担わなければならなくなる。

建設会社が公共工事の減少をカバーするため、一般住宅に参入するケースは多いが、新しい事業の柱として育ち、成功に至っている企業は少ない。この要因も建築技術ではなく、今までのビジネスモデルが培ってきた組織風土にある。建設会社の仕事は、国土交通省や自治体の発注する建築・土木工事や、企業などが投資する社屋・工場の建築が多い。つまり、ＢtoＢビジネスである。それに対して、一般住宅の顧客は、一般消費者であり、ＢtoＣビジネスになる。その中でも一戸建て住宅の顧客層は新たに家を建てるニューファミリー層であり、購買の最終意思決定者は夫ではなく妻であることがほとんどだ。土木建設工事と一般住宅では顧客特性がまったく違うため、対応を変えなければならない。しかし、長年の習慣で醸成されている組織風土は簡単に変えることはできず、しばしば同じような対応をしてしまう。

例えば電話が鳴ったとき、中年男性が受話器を取り、いつものように野太い声で「はい、○○組！」と出てしまうと、住宅購入を考えて問い合わせた若い奥さんが怖がって、別の住宅会社に電話するというケースだ。もちろん電話に出た男性にまったく悪気はなく、いつも通りに電話に出ただけだ。極端な例だと思われるかもしれないが、実際にある話である。

「何を」「どのように」という観点では、その企業のビジネスの歴史が影響する。過去から現在まで企業が体験してきた成功例や失敗例が、そのまま組織にさまざまなインパクトを与え、風土となって醸成されていく。過去に大きく成功した組織体験があれば、類似のケースに対し積極的に挑戦する。一方、大きく失敗した組織体験があれば、それにこりて挑戦に消極的になる。比較的、最初の段階で新規事業や海外進出などに成功した企業は、その後も積極的に新しいことへチャレンジを続ける組織風土が醸成されていく。半面、失敗した企業は新しいことに慎重になり、保守的な組織風土が生まれていく。人間の性格が過去の人生の体験によって培われ、変わっていくように、企業の組織風土も過去の体験によって形成されていく。人間と組織の性格（風土）の大きな違いは、人間は自分一人の意思の力で変わることができるが、組織は多数の意思を持った人たちの集合体であり、変化への対応スピードが遅くなる点だ。

現状のビジネスモデルが今の組織風土をつくっているため、ビジネスモデルのイノベーションは製品や技術、サービスなどのそれとは次元が異なる難しさがある。

(4) 人員構成

ここでいう人員構成とは、経営者・経営幹部から社員、パート・アルバイトまでを含む。

特に経営者に関しては、その性格や言動が組織に対して大きな影響力を持つため、風土そのものも経営トップの思想や価値基準が色濃く反映される。

例えば、技術畑出身のオーナー経営者が、自社の技術を過大評価して社内外で喧伝しすぎるあまり、開発や営業の人員がプロダクトアウト型の思考となって、市場のニーズに鈍感になり、顧客の声を軽視する組織風土となることもある。精神主義、〝気合系〟で会社を成長させてきた経営者が、細かい市場分析やデータなどによる緻密で堅実な目標設定を軽んじ、勢いで組織をけん引していく場合、組織全体が論理軽視、気合重視の風土となっていく。

経営者の属性も同様だ。属性とは、創業経営者、同族の二、三代目経営者、プロパー社員からのたたき上げの経営者、外部から招請されたプロ経営者、親会社から派遣される経営者などの分類だ。創業経営者の場合、ゼロから組織をつくっているため、トップの性格が組織風土そのものといっても過言ではない。同族の後継経営者や、一般社員からトップに上り詰めた経営者の場合も組織風土への影響力は強い。

それに対して、外部からのプロ経営者や親会社から来た経営者の場合、トップとしての絶対的地位からくる影響力は大きいが、一般的に任期が短く限定的であるため、それを組織に浸透させるまでに至らないケースが多い。トップダウンで実施できる組織設計や人員配置などの組織戦略とは異なり、組織風土は醸成されるのに長い時間がかかるからだ。その意味では、短期間で属性の異なる経営者が交代している企業は、組織風土の色調が淡くなる。ただし、組織風土は濃淡が良しあしを決めるのではない。淡いほうが変化対応力に優れていることもある。

実質一人の経営者に対し、組織は人々の集まりである。そのため、個々人の特性よりもその構成比が組織風土に影響を与えることになる。年齢、性別、中途・新卒、職務などの構成比だ。

一般的に、年齢層がベテランに偏ると堅実で保守的な傾向が強くなり、ベンチャー企業などで若い社員が多いとその逆に傾く。その他の属性においても、男性だけ、新卒だけなど偏った組織構成だと思考や行動も硬直化しやすく、構成バランスがよければ変化が生まれやすい組織風土になる。営業や製造など一般的な職種が多い組織と、システムエンジニアや薬剤師、保育士など、いわゆる手に職を持つプロフェッショナルが多い組織では、風土がまったく異なる。

(5) マネジメントシステム

さまざまな価値観を持った多数の人間で構成されている、組織という扱いが困難な有機体のベクトルを統一させ、一体感のある行動を促進させるためには、何らかのマネジメントシステムが必要になる。組織の規模が大きければ大きいほど、そのシステムは複雑で重層的になってしまう。この中で、特に組織風土に影響を与えるマネジメントシステムが四つある。人事評価システム、業績管理システム、コミュニケーションシステム、意思決定システムだ。

①人事評価システム

人は、子どもの頃から年齢を重ねて大人になっても、褒められればうれしいし、叱られれば悲しく思う。ビジネスパーソンの場合、それに昇進や昇格など組織内でのポジション、賞与・昇給などの金銭的な処遇などが連動するため、人事評価制度は組織・人材マネジメントという意味で最も大切なシステムである。評価の基準が組織行動の基準となる。

当然のことだと思われるが、実際にはこの人事評価制度が適正に設計され、運用されていないケースが散見される。例えば、クレド（行動指針・行動規範）に、協調主義やチームプレーなどの言葉が明記されているにもかかわらず、評価基準は個人の営業成績が主体だったとすれば、チームプレーはおろそかになる。人事方針で成果主義と書かれているにもかかわらず、実際の人事処遇は年功序列であることも多い。掲げている方針と評価の基準が整合していないということだ。

本来は自社のミッションやクレドに基づいた行動が奨励され、実施されなければならないが、経済人であるビジネスパーソンは自分の利益になる行動をとり、結果としてミッションやクレドが実践されないようになる。

年功序列の評価基準では、社員は長期安定重視の人が多くなり、保守的な組織風土が生まれる傾向が強い。個人の成果がそのまま報酬に直結する評価基準であれば、社員は協調やチームプレーを軽視し、自分の実績のみを考える個人プレーヤー集団の組織風土が醸成される。年功序列や成果主義の良しあしよりも、ミッションやクレド、戦略との整合の問題である。

人事評価制度は、社員の処遇を決めるためのものではなく、ビジネスパーソンの思考様式・行動様式を規定し、組織風土を形成する非常に重要なマネジメントシステムであるということを認識しなければならない。

②業績管理システム

すべての企業は成果として業績責任を担っている。そして、その業績管理は、組織構造の中に落とし込まれ、部門ごと、支店ごと、個人ごとにマネジメントされる。業績管理の基準や数値は企業ごとでさまざまだが、基本的には、売上げ、収益、効率などでマネジメントされる。

部門長や営業メンバーが売上げの責任だけを担っている企業は、収益や在庫効率などのことは考えず、とにかく売ることだけを考え、猛進する組織風土が生まれる。一番大切なのは利益だという考えのもと、利益額を業績管理の基準にすると、利益「率」を軽視する組織風土が生まれる。業界特性や企業方針などもあり、このようなマネジメントをしている企業もあるが、どうしてもバランスが悪くなるため、売上げ、粗利益、営業利益、在庫回転率なども業績管理指標として併用しているケースが多い。

ただし、これも完璧ではなく、部門の営業利益と一人当たりの生産性を業績管理指標として責任を担う部門長が、その責任を完遂するために、あまり活躍していない社員を育成することなくすぐに辞めさせたり、そもそも人材を自部門に採用しないようにするケースも発生する。これがそのまま容認されれば、本当に即戦力で活躍できる人材だけの少数精鋭集団が生まれる代わりに、時間をかけて人材を育成するという組織風土は生まれてこない。

売上げが伸び、組織が大きくなると、事業部や地域拠点ごとに独立採算の管理会計制度が導入され、その収益を厳しくマネジメントしていくことになる。ここで必ずといっていいほど発生する問題がセクショナリズムだ。全社視点を持つことは非常に困難で、各部門が自分のことだけを考えて行動するようになり、シナジーを発揮するどころか、マイナスに働くこともある。

セクショナリズムの弊害や失敗は、日常的に新聞やビジネス誌でも取り上げられている。

業界特有の管理単位として、鉄や紙を扱う企業は金額よりもトン単位で話をし、車を扱う会社は台で、住宅を扱う企業は棟で話をする。それ自体は問題ないが、これらの企業が他業界に進出する際、この単位の問題で話がかみ合わないこともよく起こる。話がかみ合わないだけでなく、その単位を扱う本業のＩＴシステムをそのまま新事業に適用し、混乱を来すことも多い。

収益に関しては、どの企業も細心の注意を払ってマネジメントしているが、一つの案件の単位が数百億円の建設業やプラント工事業、ビッグプロジェクトを企画する総合商社と、顧客から一円単位もしくは何十銭単位のコストダウン要求を受ける製造業とでは、〝細心〟の感覚が大きく異なる。つまり、収益、金銭に関する感度が組織風土として定着することになる。

公共工事の受注減少をカバーするため、一般住宅に参入した建設業者がうまくいかない事例を先に述べたが、その原因は業績管理システムにもある。土木建設工事の場合、公共でも民間でも何十億円から何百億円という受注額が一般的だが、住宅の場合、苦労して一棟受注しても二、三〇〇〇万円が多い。ニーズが見込まれるリフォームに至っては何十万円から何百万円だ。もともとの価値判断基準が、業績管理単位の大きい公共工事などにあるため、どうしても金額の低い一般住宅を軽視してしまう。そうすると住宅専業の企業にはどうしても勝てない。

このように、業績管理システムは、さまざまな角度から組織風土を醸成する重要なファクターとなる。

③コミュニケーションシステム

コミュニケーションシステムは、各種会議から朝礼や終礼、個人間のやりとり、社内の情報インフラまで多岐にわたる。一般的に、風通しがよい、悪いなどといわれるのは、このコミュニケーションシステムの状況に起因する。

会議は複数の人間が働く組織にとって、必要不可欠なコミュニケーションシステムの一つだ。指示命令や伝達事項、部門間調整、問題解決の検討会など目的やアジェンダ（議事）はそれぞれだ。会議の頻度や運営の仕方、体系などはよく組織風土を反映している。職位や年功が重視される組織で、中堅層や若手層が活発に意見をいえないケースや、逆に意見は活発に出るが、議事録が作成されず何が決定したのか不明確なケースもある。大規模な組織の場合、正式な会議の前に関係各所へ根回しを済ませ、会議自体が形式にすぎないケースもあれば、会議を招集しながらアジェンダが不明確で、参加者もまばらだったりするケースもある。私はコンサルティングのタスクとして、多くの企業のさまざまな会議やプロジェクトに参画するため、企業ごとの会議のスタイルの違いを体感している。多くの関係者が集まって話し合う会議は、少しずつ参加者を入れ替えながら組織風土を承継していく場ともなっている。

就労スタイルもコミュニケーションに影響を与える。標準時間をきっちりと定め、生産性向上やコストダウンに日常的に取り組む製造業などは、一分一秒を大切にし、モノづくりの現場やオフィスにおいても雑談などフリートークは許されない。それに対し、時間と成果が一致しないクリエイティブな業界では、フリートークやネットサーフィン、音楽を聴くことが仕事にインスピレーションを与え、良い成果を生み出すとして、許容するところが少なくない。それぞれコミュニケーションシステムは異なるものになり、組織風土もまったく違ってくる。

インフォーマル・コミュニケーションの重要性は、一九七〇年代に心理学者メイヨーによって実証された。企業で公式に定められた組織や会議などがフォーマルであるのに対し、インフォーマルは同年代や気の合う職場の同僚などが集まる非公式のグループや会話などである。ウエスタン・エレクトリックのホーソン工場で労働者の生産性を調べた結果、生産性に影響を与える要因は労働条件や作業環境よりも、インフォーマル組織内での人間関係やコミュニケーションだった。この結果は、近代の組織マネジメント理論の中で新たに人間関係論の潮流を生み出すほどインパクトの強いものだった。メイヨーが提唱した通り、インフォーマル・コミュニティーにおけるコミュニケーションは、見えないところで組織風土を形成している。

スティーブン・P・ロビンスが自著で[*11]、「労働時間のほぼ七〇%をコミュニケーション——読む、書く、話す、聞くに費やしている」と書いている。コミュニケーションシステムが組織風土の醸成に大きな影響を与えるのは間違いない。

④意思決定システム

組織の経営行動と意思決定に関する研究で、ノーベル経済学賞を受賞した意思決定理論の大

図表4-2　アンゾフの意思決定論

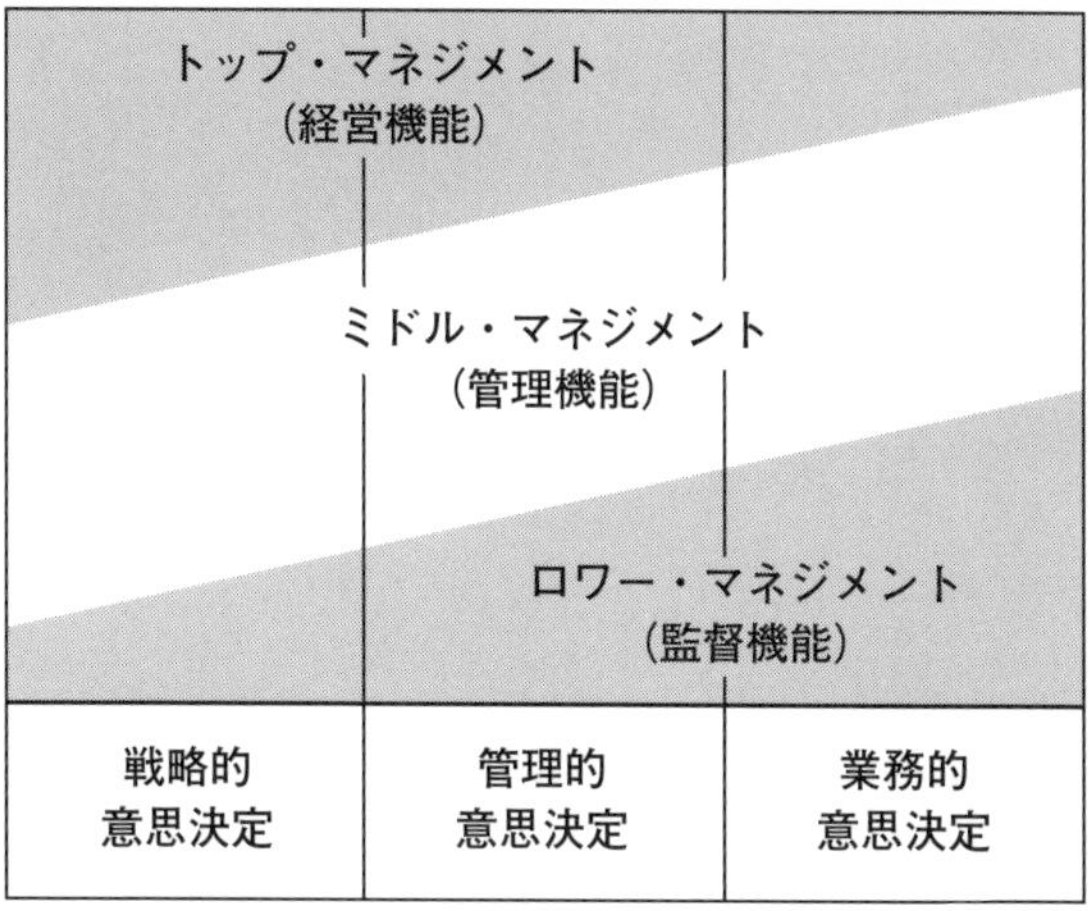

家H・A・サイモンは、「経営とは意思決定である」と述べている。実際には、その後の実践行動も伴ってこそではあるが、意思決定がなければ、組織はまったく動かないか、今までの惰性の動きをするか、個人個人がバラバラで動いてしまうかになる。そういう意味では、意思決定をしない経営は罪悪であるともいえる。

　またアンゾフは、企業組織の意思決定を戦略的意思決定、管理的意思決定、業務的意思決定の三つに分け、それぞれトップ・マネジメント（経営者・経営幹部）、ミドル・マネジメント（部長・課長）、ロワー・マネジメント（係長・主任）が主に担うものとしている（**【図表4-2】**）。

　アンゾフが示す通り、組織の意思決定構造は、決裁権限規定などでルールが決められていることが多い。ただ、これに経営トップの性格や組織規模という要素が絡み、各社で意思決定システムが異なってくる。最も分かりやすい例が、強力なリーダーシップを持つ経営トップの独断だろう。創業者や自分の代で大きく業績を伸ばした経営者は、みな卓越した能力と感性を有しているため、自らの判断がその組織の誰よりも的確であることが多い。だが、トップが常にすべての意思決定に関わっていると、管理職や現場の人材が育ちにくい。さまざまな局面でトップが意思決定し、部下が従うだけでは、状況を読み、自らの責任で意思決定する能力が培われない。

つまりトップ依存型の組織風土が形成されていく。大規模な組織でありながら決裁権限規定がない、あってもトップがルールを無視して形骸化している場合、トップ依存というよりも、絶対服従型になることが多い。意思決定することは責任を持つことであり、それが人材を成長させる。トップダウンが決して悪いわけではない。正しい場合が多いかもしれない。ただ、そこで醸成される組織風土を常に意識しなければ、中長期的に思わぬ落とし穴にはまる可能性がある。

これとは逆に、最高意思決定機関である役員会において、多数の取締役が居並び、多数決やその場の流れで事案が意思決定される場合、責任の所在が曖昧になりがちだ。そのような企業の場合、他の階層の会議でも同じ状況が起こりがちで、組織全体が「なあなあ」のぬるま湯状態の風土となりがちだ。その他、組織の意思決定システムの一つに、決裁権限基準に基づいて回覧される稟議書がある。稟議書には通常、起案者や決裁者の捺印欄が四角いフレームで設けられているが、企業によっては捺印者の升目が五つ、六つ、多いところでは七つ、八つもの捺印が必要な書式もある。こうなってくると意思決定のスピードは遅くなるし、早く通すために事前の根回しが不可欠というような官僚的組織風土が生まれてくる。

「無印良品」を展開する良品計画の松井忠三名誉顧問は、社長在任中に捺印フレームを大幅に縮小し、意思決定スピードを高めて組織風土改革に取り組んだという。「経営とは意思決定」だといわれるが、その意思決定構造やシステムが組織を規定していくのである。

3　ビジネスモデルイノベーションのための組織風土イノベーション

既存の顧客に、既存の商品を、既存の方法で販売しているだけでは、今のノーボーダー時代を生き抜くことはできない。ビジネスモデルのイノベーションが必要になってくるが、その際の最大の壁が既存の組織である。ビジネスモデルイノベーションと組織風土イノベーションは切っても切り離せない関係だ。

イノベーション自体が変化への挑戦であるため、何をするにしてもある程度の困難は生じるが、その中でも組織風土イノベーションが困難な理由は次の通りである。

(1)　組織風土は内部の人間には分からない

組織の内部にいると、その状態や空気、やり方が日常化しているため、何が本質的な問題かに気付かないことが多い。古くは『ここがヘンだよ日本人』（TBS系列、一九九八～二〇〇二年）、最近では『秘密のケンミンSHOW』（日本テレビ系列、二〇〇七年～）というバラエティー番組が人気を博したのは、日本人や道府県民には当たり前のことが、外国人や他の地方住民からすると、「そう思われていたなんて……」「えっ、なんで？」「まさか！」というような異文化の驚きに満ちあふれていたからだ。これは企業組織でも同じことがいえる。「ここがヘンだよ○○業界」、「秘密の□□会社SHOW」を放映してみたら、みんな驚くだろう。

つまり、ほとんどの人は「これが〝普通〟なのに、なぜ変える必要があるのか」「何が悪いのか」と考える。さらにいえば、「組織は悪いが、自分は悪くない」という人々もいる。そんな人々の集まりで醸成される組織風土の企業がどのような運命をたどるかは想像に難くない。

ぬるま湯にずっと漬かっていると、人はそれが適温で「ぬるい」と思わなくなる。組織風土も同じで、中途入社した人は生ぬるさに気付くが、長い間勤めているうちにそれが適温になる。

(2) 組織風土は不可視で捉えどころがない

品質が悪いと不良率に、納期が遅いとクレーム件数に、価格が合わないと失注数となってそれぞれ表れ、最終的には業績に反映される。ところが、組織風土は目に見えるものでもなく、測定できるものでもなく、全体として捉えどころがない。組織風土コンポジションで、そのファクターをひも解いて詳述したが、実際には各ファクターが複雑に絡まり合いながら、長い時間をかけて醸成されていく。実際に他社のオフィスや工場を見る、また読書や勉強会などで情報を集めるなどしない限り、組織風土が何なのかさえ分からない。

(3) 組織風土はビジネスモデルと直結している

ビジネスモデルのイノベーションを行うため、組織風土のイノベーションも同時に行う必要がある。しかし、組織風土コンポジションで示した通り、それを醸成する重要なファクターとしてビジネスモデルが入っている。そうするとイノベーションにおいて、一種のパラドックスが発生することになる。ここにビジネスモデルイノベーションの難しさがある。戦略が先か、組織が先かというテーマにもつながる。

さて、このような捉えどころのない組織風土に対するイノベーションのアプローチは、その企業の状況によって千差万別だが、基本的には組織風土コンポジションのファクターごとに対策を打っていくことになる。また、中長期的な視点で根気よく取り組むことが大切だ。

①ミッション、クレド、ビジネスモデル

まず、何よりも大切なことは、ミッションやクレドを明確にすることだ。もし、それらが自社にないのであれば、作成するところからスタートするべきだし、現在のものが自社の存在価値や使命、理念を正確に表現していないようであればリニューアルしてもよい。その次に大切

なことは、自社のミッションやクレドについて、経営トップが自らの言葉でそれらを語り、経営幹部がそれを自らの言動で体現することだ。

さまざまな書籍でミッションやクレドの重要性が語られていることもあり、日本のほとんどの企業が経営理念や行動指針を明文化して、社内外に示している。しかし、それはスタート地点であって、組織がその価値観を共有し、日常的な業務活動の中で行動として示さなければ意味がない。近年、日本人なら誰でも名を知っている有名企業・名門企業の不祥事が絶えないが、それらの企業にもしっかりとした経営理念があり、行動指針があり、体系化もされている。つまり言葉だけで形骸化しているのだ。そうならないためにも、自社のミッションやクレドを組織内に浸透させる取り組みは不可欠である。

理念や行動指針を唱和させたり、暗記させたりすることも意義はあるが、経営トップ・幹部陣が自らの言葉で語り、それに準じた行動を率先してとることが最も効果的だ。それらを実践している企業は、ミッションやクレドにまつわるさまざまなエピソードを持ち、組織の中で語り継がれている。例えば、ジョンソン・エンド・ジョンソンの「タイレノール事件」における対応（解熱鎮痛剤の毒物混入事件で迅速に全製品リコールを決断）や、米大手百貨店・ノードストロームの返品対応（店で取り扱っていないタイヤの返品・返金に応じた）、ザ・リッツ・カールトンやディズニーランドにおける徹底した顧客対応などが有名だが、各社にはそれぞれ豊富なエピソードがあり、それが語り継がれて伝説のようになっている。

ミッションやクレドが価値観としてしっかりと組織に根付いていれば、その価値観に基づいて、なぜイノベーションが必要なのかを合理的に説明できるし、組織への浸透も速く、社員も納得感が高くなる。逆に、イノベーションの方向がその価値観に反していると、改革が進まないどころか、組織に混乱を生じさせることになる。

組織風土コンポジションに内包されるビジネスモデルも、本質的価値（エッセンシャル・バリュー）がミッション、クレドに根差すものであることを社員に理解してもらえば、改革は進みやすくなる。ビジネスモデルと組織風土のイノベーションが一体となって、大きな混乱や矛盾を解消しながら実現していくことができる。

②人員構成

組織は人の固まりでできている。そして、そのトップが経営者である。「企業は社長の器以上に大きくならない」とよくいわれる通り、イノベーションの成否は経営トップにかかっている。

人は本能的に変化を嫌う生き物だ。多くの人が集まる組織は、その本能の固まりともいえる。したがって、組織には従来のやり方をそのまま続けようとする慣性の法則が生まれる。その組織心理と本能に対し、変化を生み出し、改革に導くのは経営トップの強い意思の力が必要だ。

注意すべき点は、経営トップも人間である以上、今までのやり方で培われた概念や考え方が固定化し、殻を破り切れないことだ。その意味でも、経営者こそ常に謙虚で素直に現実を受け入れ、すべての物事から学ぶ姿勢を忘れてはならない。作家・吉川英治が座右の銘とした「我以外皆我師也（我以外みな我が師なり）」の姿勢だ。

組織にイノベーションが最も生まれにくい状況は、固定化、同質化、画一化である。つまり、組織人員に入れ替わりがなく固定化していたり、同じ考えを持つ人々だけで集まって同質化していたり、同じ属性――性別、新卒・中途採用、年齢層――の人たちに偏っていたりすると、イノベーションは難しい。イノベーションの必要性や着眼にさえ思い至らないことも多い。

それを打破するためには、反対語となる流動化、異質化、多様化を積極的に取り入れ、新しい風を組織に吹かせることが大切となる。近年は、少子化による人手不足の影響で定着率の向上、離職率の低減が大きな経営テーマとなっている。しかし、誤解を恐れずにいえば、離職率がゼロに近い組織が、外部環境に迅速に対応し、イノベーションを起こせる能力や風土が醸成できるのかはなはだ疑問である。決して離職率の低減が悪いといっているわけではなく、素晴らしい取り組みであることに間違いないが、組織には健全な意味での新陳代謝が必要なのである。

③マネジメントシステム

組織を運営する上で、マネジメントシステムは欠かせない。ただ、組織もマネジメントシステムも、完璧なものはない。重要なのはミッションやクレド、ビジネスモデルに適合しているかどうかと、他のマネジメントシステムとの整合およびそのバランスである。

クレドの中にチームワークや協調主義を掲げているのであれば、人事評価制度で個人成果の評価ウエートを重くするとチームプレーは生まれにくいため、チームでの成果に焦点を当てるべきだ。また、新規顧客の開拓を重点方針とした場合であれば、既存顧客からの受注よりも新規顧客からの受注額をより高く評価しなければならない。一般的に新規顧客の開拓は難易度が高いため、既存顧客の受注額と同じ評価しかされないのであれば、営業担当者は訪問しやすく、売りやすい既存顧客に足が向く。その結果、新規顧客開拓の重点方針は徹底されず、成果が出にくくなる。ミッションやクレド、会社方針に忠実に従い、成果を上げた人を評価し、人事において良い処遇をすれば、それが組織風土となり、ミッションと行動が統一されていく。

業績管理システムにおいても、既存事業にイノベーションを起こし、新たな取り組みをする際は、価値観を変えなければならない。部門ごとでの独立採算制を徹底しながら、全社でシナジー効果を発揮させることは難しい。部分最適が過ぎる業績管理システムは、世界中でノーボーダーの競争が繰り広げられている中、小さな会社組織内でボーダーを築かせることになる。ただし、このシステムがないと収益マネジメントができず、ぬるま湯経営になることがある。つまり、巧みにバランスを取ることが大切だ。少なくとも新規事業へ進出したり、既存事業を改革する場合、従来の業績管理のものさしではそれらに合わないということに留意し、新たにその事業にふさわしい業績管理システムを設計すべきだろう。

極端な例だが、ある上場企業が「株主や投資家の求める業績指標にこだわり続けるとイノベーションが起こせない」として、自ら上場廃止を決めたケースがある。これは全社レベルで、既存事業とイノベーションへの取り組みとの価値判断基準が異なることを示している。

コミュニケーションシステムや意思決定システムも同様だ。既存事業をそのまま延長していくだけであれば、変革は不要かもしれない。しかし、イノベーションの必要性を感じて取り組むのであれば、そのイノベーションのために変えるべきコミュニケーションシステムや意思決定システムは何かを見いださなければならない。それは、時間と生産性に徹底的にこだわった「働き方改革」なのか、どこでも自由に働ける、フリートークを奨励するシリコンバレーのIT企業のようなスタイルへの変革なのか、そのイノベーションはトップダウン型のほうが良い成果を生み出すのか、それともボトムアップ型のほうが適切な結果を導き出すのか。

組織は大きくなればなるほど、マネジメントシステムによって動いていく。そのマネジメントシステムが長年にわたり運用されていく中で、それに即した組織風土が醸成されている。だからこそ、ビジネスモデルも組織風土も、マネジメントシステムの改革がなければイノベーションは起こせないのだ。

次章では学ぶべき事例として、組織のイノベーションに取り組み、ビジネスモデルイノベーションを成功させている優秀な企業を紹介していく。

第5章

組織風土イノベーション

――マスターピース・セレクション

1 世界をリードするイノベーション企業の組織・人材マネジメント——グーグル

(1) 一九年間で世界一のイノベーションを成したグーグル

「世界中の情報を整理し、世界中の人々がアクセスできて使えるようにする」ことを理念に創業（一九九八年）したグーグルは、今や売上高が八九四億六三〇〇万ドル（約一〇兆四七七〇億円、二〇一六年通期）。持ち株会社アルファベットの時価総額（二〇一七年八月四日時点、出所／ブルームバーグ）は世界二位の約六四五六億ドル（約七五兆六〇三六億円）と、サウジアラビアの名目ＧＤＰ（六三九六億ドル＝二〇一六年、出所／国際通貨基金）と肩を並べる規模となっている（一ドル＝一一七・一一円で換算）。

米スタンフォード大学で出会った二人の創業者、ラリー・ペイジとサーゲイ・ブリンがカリフォルニア州メンロパークでガレージを借り、世界に例を見ない検索エンジンを創造してから一九年しかたっていない。まさに、世界一のイノベーションカンパニーと称すべき成長である。

同社の事業は検索エンジン「Ｇｏｏｇｌｅ」と、「Ｇｏｏｇｌｅ Ｍａｐ」などのユーザーの生活サポートに関わるサービスも含めた総合力で、ＩＴ王者として圧倒的な地位を確立している。また、近年はＹｏｕＴｕｂｅの買収、自動運転車の開発など、ビジネスモデルの展開の幅

図表5-1　グーグルの「イノベーションを起こす5つの原則」

①最初から完璧を求めない

②発想は大きく、小さい所からスタート

③ユーザーに焦点を絞る

④共有はアイデアを生む

⑤データを基に考える

を広げ、イノベーションを加速させている。

その地位を確立した背景には、創業者二人の画期的なビジネスモデル思考とハイスペックな技術力に加え、「イノベーション人材」の採用と活躍できる仕組みの構築、そして人材活用による「イノベーティブな組織風土の醸成」が大きく貢献していた。

イノベーターである彼らにとって、「持続的にイノベーションを生み出す組織風土の醸成」が最重要テーマだった。イノベーションを生み出すのは「人」であり、人がイノベーティブな仕事に集中できるような社風をつくり出せるかが鍵となる。そのためにグーグルは、イノベーションを起こすために重要な「考え方」、例えば「イノベーションを起こす五つの原則」（【図表5-1】）のような価値判断基準を社員一人ひとりに浸透させることに注力している。

(2) グーグルが求める人材「スマート・クリエイティブ」の定義と採用戦略

企業を育てるのは人の力である。世界を変えるイノベーションを生み出し続けるグーグルにおいてもそれは同じであり、人材育成については創業当初よりもさらに重視している。同社における「求める人材像」は、分かりやすくシンプルに、「スマート・クリエイティブ」と呼んでいる。その性質は「多才で、専門性・ビジネススキル・創造力を高い次元で有すること」である。また、仕事に積極的で、競争心・好奇心が旺盛、リスクをいとわず、失敗を恐れず、果敢に実行し、成果を出す。そのような人材こそ〝グーグラー〟(グーグル社員の愛称)にふさわしいと考える。専門知識については、IT知識はもちろんだが、それだけにとどまらず、本質として「その人にしかない、優位性のある能力」に焦点を当てている。そのようなスマート・クリエイティブに対して、どのように働き掛け、採用し、最大限の力を発揮できるようにしているのか。そこにグーグルの工夫がある。

自社の成長を推進する人材を採用したい同社では、採用活動には力を入れているが、中でも「応募者の見極めに関する取り組み」を非常に重視している。同社には、応募者の適性を見極めるため、レベルの高い面接官を輩出する取り組みがある。例えば、「信頼できる面接官プログラム」では、面接に精通したチームによる訓練によって、ハイレベルな面接スキルを育成している。プログラム参加メンバーは、実際に実施した面接内容などが人事評価につながる仕組みに

図表5-2　グーグルの「採用のおきて」

■自分より優秀で博識な人物を採用せよ。学ぶもののない、あるいは手強いと感じない人物は採用してはならない。
■プロダクトと企業文化に付加価値をもたらしそうな人物を採用せよ。両方に貢献が見込めない人物は採用してはならない。
■仕事を成し遂げる人物を採用せよ。問題について考えるだけの人物は採用してはならない。
■熱意があり、自発的で、情熱的な人物を採用せよ。仕事がほしいだけの人物は採用してはならない。
■周囲に刺激を与え、協力できる人物を採用せよ。ひとりで仕事をしたがる人物は採用してはならない。
■チームや会社とともに成長しそうな人物を採用せよ。スキルセットや興味の幅が狭い人物は採用してはならない。
■多才で、ユニークな興味や才能を持っている人物を採用せよ。仕事しか能がない人物は採用してはならない。
■倫理観があり、率直に意思を伝える人物を採用せよ。駆け引きをしたり、他人を操ろうとする人物を採用してはならない。
■最高の候補者を見つけた場合のみ採用せよ。一切の妥協は許されない。

出典：エリック・シュミット/ジョナサン・ローゼンバーグ/アラン・イーグル著、土方奈美訳『How Google Works ―私たちの働き方とマネジメント』（日本経済新聞出版社）

なっているため、「自身のスキルが上がるし、評価を受けられる。それならば、面接をしないほうが自身にとってはマイナスである」という意識を社員に醸成することで、面接に意欲的な社員を増やし、採用力を高めているのである（図表５-２）。

(3) スマート・クリエイティブの成果を最大限に発揮する社内制度と取り組み

採用した人材を自社内に引き止め、かつ最大限の能力を発揮できるようにすることが、次の重要テーマである。そのためにグーグルはさまざまな工夫をしているが、特に、次の四つの取り組みが有名である。

①「開放的」「閉鎖的」両面の職場環境構築により創造性を活発化

グーグルプレックス（グーグル本社の愛称）には、バレーボールコート、ボウリング場など数々の施設に加え、無料でおいしい食事がとれるカフェまで設置している。食事については専属シェフを雇う徹底ぶりである。

その一方で、仕事をするオフィスについては、スペースが狭く、互いが手を伸ばせば相手に触れるくらいの距離である。そのほうが仕事におけるコミュニケーションが活発になり、互いの創造性を交流し合うことで成果がより発揮されるからである。

②「フラット」「ダイバーシティー」をコンセプトとした組織デザインで創造性と生産性を最大化

同社の業務はすべてプロジェクト形式で推進される。その中ではマネジャーとエンジニアに上下関係はなく、「パートナー」という関係にある。階層ではなく、「役割」の違いなのである。また、プロジェクトメンバーは拠点、時には国境を越えて組まれ、性別・年齢・人種も多種多様なメンバーで構成される。既存の枠組みに当てはまらないアイデアが生まれ、各人が最高の生産性で働くことが可能になっているのは、この組織デザインが大きな要因の一つと考えられる。先に示したダイバーシティー・インタラクションのモデルともいえる。

③社内の連携を高める「ピア・ボーナス」「ピア・レビュー」制度

グーグルでは、自分が参画するプロジェクト以外のメンバーから協力を得た場合に、感謝の意味を込めて仕事の査定でプラスに働く「評価」をプレゼントする（「ピア・ボーナス」、社内システムにある「Thank you」ボタンを押す）ことができる。また、自分で選んだ四人以上の同僚に依頼して、自分の仕事ぶりを評価してもらう「ピア・レビュー」制度を構築することで、プロジェクト内・プロジェクト外、または拠点を超えたメンバーの協力体制と感謝の文化の醸成につなげている。

④新しい発想を促す「二〇%ルール」

二〇%ルールとは、「エンジニアが仕事時間全体の二〇%を通常のプロジェクトではなく、自身の好きな、もしくはやりたいプロジェクトに費やすことを許可する制度」だ。このルールは同社の文化として根付いており、「通常業務とは違うこと、新しいことをする」のが当然のこととされている。この時間から「Ｇｏｏｇｌｅ Ｍａｐ」などのプロダクトが数多く生まれた。

(4) 人材戦略の成功がイノベーションを導き、さらなる高みへ

イノベーターであるグーグルにとっては「イノベーションを生み出す企業文化の醸成」が重要な概念である。それは根底に「イノベーションを生み出すには『人材』の能力発揮が必要不

可欠」という考えがあるからだ。人材の能力発揮に対して妥協せず追求しているからこそ、人が集まり、活躍し、さらなるビジネスモデルイノベーションを世に生み出していけるのである。

2 実行九五%、計画五%――決めたことをやり切る組織風土――良品計画

(1) 良品計画の成功と挫折

国内外で八〇〇店舗以上の『無印良品』を展開する良品計画は、企画・開発・製造・販売まで手掛けるSPA型事業モデルのリーディングカンパニーである。

無印良品はもともと西友のPBとして一九八〇年にスタートし、一九八九年に良品計画として分社した。一九八九年当時の国内流通業界は、ナショナルチェーン（全国展開）化したダイエー、「イオングループ」を発足したジャスコ（現イオン）、「業革（業務改革）」の推進で抜群の高収益体質を構築したイトーヨーカ堂など、各社の戦略が分岐する時代であった。奇しくも、その翌年（一九九〇年）に起きた東証株価大暴落を機に日本経済はバブル崩壊へ突入し、モノが思ったように売れない時代となる。各社は変化した消費者のニーズに合わせ、PBを強化していくことになる。

とはいえ、当時は現在と違い、一流メーカーがPBを製造してくれたわけではなく、PB＝

「安かろう・悪かろう」の域を脱することができなかった。そんな中、同社は「わけあって、安い」というコンセプトが功を奏し、一九九九年まで業績は右肩上がりの成長を描いた。しかし、その年をピークに二期連続の減益となった。

業績不振の真っただ中にあった二〇〇一年に、同社の代表取締役社長に就任した松井忠三氏（現名誉顧問）によれば、当時の良品計画はユニクロ（ファーストリテイリング）やニトリ、百円ショップのキャンドゥ、ヤマダ電機など新勢力が台頭する中、過去の成功体験による慢心や寄らば大樹の陰という危機感の喪失、官僚的な手続きが多い管理システムといった大企業病が進んでいたそうである。そして、それと比例するようにコンセプトも希薄になっていた。

(2) 大企業病克服へ組織風土改革に着手

そのような状況下で社長に就任した松井氏は、大企業病を克服すべく、リストラをはじめさまざまな改革に取り組んだ。前経営体制の刷新から不採算店の閉鎖・縮小、大量の不良在庫処分などを敢行していった。以前は、例えば一〇〇を売る計画を立てれば、欠品を恐れて念のため一五〇をつくるという慣習があった。七割程度しか売れなければ、半分以上が在庫として残ることになる。この〝悪習〟を断ち切るため、不良在庫の焼却処分に際して担当ＭＤも同行させ、自分たちが苦労して企画・製造した商品が灰と化していく現場を直視するよう指示した。この惨めな経験をさせることにより、二度と同じ失敗をしないという決意を全員に固めさせた。

このリストラに区切りがついた後、同氏は改革を実施するに当たり、そのような組織風土となった遠因がどこにあったのかをあらためて自問自答したという。すると、個人の感性による属人的な仕事のやり方、経験主義に基づく人材育成など、振り返ってみると自分たちが育ったセゾングループ（二〇〇一年に事実上解散）の特徴だったと気付いた。ここから、「脱セゾン」を掲げ、さまざまな改革に取り組んでいった。

(3) 仕組み化・見える化・標準化から生まれた「MUJI GRAM」

感性に依存する個人主義、経験主義、属人化から脱皮し、良質なノウハウや知識などを共有するため、良品計画では改革のキーワードを仕組み化・見える化・標準化し、その取り組みを始めた。これによって誕生したのが、有名な販売オペレーションマニュアル「ＭＵＪＩ ＧＲＡＭ（ムジグラム）」である。それまでは、商品計画がすべて開発担当者の頭の中にとどまっており、売り場も店長の数だけバリエーションがあるほど属人性が強かった。

その優秀な社員や現場の生の声を取り入れながら作成したムジグラムは、一三冊（約二〇〇〇ページ）の大作となった。「売り場に立つ前」「店内業務（レジ）」「店内業務（承り）」から、「売り場づくり」「商品管理」「後方業務・経理」「労務管理」「ファイリング」など、販売に限らず店舗オペレーションのすべてが網羅されている。これだけの大作ながら、時代環境や消費者ニーズ、労働環境などに合わせ、改定ありきで運用がなされている。そして、その改定は社員の改善要望をベースに、内容を精査しながら実施される。

同社は、このムジグラムをＯＪＴ、Ｏｆｆ‐ＪＴも含め社員研修で重点的に活用したため、若い社員やパート・アルバイトといった非正規雇用者でも店舗オペレーションがスムーズにこなせるようになっていった。また、このマニュアルをつくる過程や、改定につながる改善要望によって、社員の自主性・自発性も高まっていった。この成功モデルをもとに、同社は本部業務の見える化・標準化にも取り組み、これも大作となる「本部業務基準書」が出来上がった。これも年二回の監査による確認で最新の情報に更新していくと同時に、共有化を図っている。

(4) 決まったことをきちんとやり切る風土づくり

その他、コスト構造を変革するため「三〇％委員会」を立ち上げ、無駄な業務を洗い出して効率化し、その名の通り販管費三〇％ダウンという成果を出した。また業務構造を変革するため、他社や異分野からも積極的に学んだ。同質の人間同士が議論しても新しいアイデアは出てこない。特に異業種であるメーカーは流通業にない視点やアイデアを持っており、多くの気付きや学びを得て、自社の改革に取り込んでいった。

またボトムアップの仕組みとして、本部改善提案活動「ＷＨ運動」も実施した。「生産性を二倍（Ｗ／ダブル）に！　無駄を半分（Ｈａｌｆ）に！」という意味だ。これも各部門で「コピー・プリント出力半減」「残業半減・有休取得二倍」「用度品の在庫半減」など多くの成果が出た。

これらを通じて松井氏が実現したかったことは、決まったことを、最後まできちんとやり遂げる組織風土づくりだった。大企業病に陥っていた当時の良品計画は、美しく立派な計画を立てることに九五%の労力を注ぎながら、実行に関しては五%で結果が散々……という状況が多かったという。これを実行九五%とし、計画の五%は走りながら考えるくらいの行動力のある組織に変える。そのために立派な計画を作成することより、分からなければ顧客から教えてもらう。そのちょっとした意見や気付きから良い企画や開発が始まるのだ。場合によっては、顧客に商品開発モニターになってもらうことで、顧客との一体感が生まれる。そうした考え方が、特に大企業病化してしまった組織には重要な取り組みだと松井氏は言う。

これらの取り組みは、業績の急回復と増収増益という成果になって表れ、良品計画のその後の飛躍的成長に寄与している。

3 MEBOから二三年連続黒字を実現する強い組織のつくり方 ——日本レーザー

(1) MEBO成功と再建のプロセス

日本レーザー（東京都新宿区）は、最先端の研究・産業用レーザーや光学機器を輸入・販売するレーザー専門商社である。当初は、電子顕微鏡のトップメーカー・日本電子（東証一部）が立ち上げた一〇〇％出資子会社だったが、現在はＭＥＢＯ（Management and Employee Buyout＝経営陣と従業員が一体となり投資ファンドやベンチャーキャピタル、金融機関などの支援を受け、企業の所有者から株式を買収する取引のこと）により独立。ＭＥＢＯ実施に当たっては、投資ファンドやベンチャーキャピタルを入れず、出資金と借入金だけで買収した。社員全員が株主という珍しい会社だ。ＭＥＢＯ成功企業のパイオニアであり、日本で唯一のコーオウンド・ビジネス企業（従業員が所有する会社）としても有名である。

同社がＭＥＢＯを実現できたのは、近藤宣之社長の会社に対する情熱が社員に伝わり、ともに出資してくれたことが大きい。近藤氏が個人保証をしてでもＭＥＢＯで独立すると覚悟を決めたのは、生え抜き社員や役員のモチベーションアップを重視したためだ。近藤氏は日本電子の役員だった時に日本レーザーへ出向。債務超過の株を簿価で買ったり、本社の取締役を退任するなど、自らを背水の陣へと追い込み、自己責任で経営を行い、今の礎を築いた。

上場企業の子会社から独立へと導き、三年連続の赤字・債務超過から再建を果たし、二三年間の連続黒字を可能にしたビジネスモデルイノベーションは、右から左にモノを流す従来の輸入販売モデルから、「ソリューションプロバイダー」という開発型商社に進化させたことである。一人ひとりの顧客に個別対応し、それぞれへソリューション（解決方法）を提供することに徹底。当初は売りたい商品を売っていたが、顧客が抱える固有の課題を解決したり、社員のモチベーション向上につながる商品（仕入れを含む）の開発にシフト。その行動が結果的に、顧客が

「日本レーザーの応援団」となっていった。

(2) 強い企業体質づくりへのトップの信念

日本レーザーには、「赤字は犯罪」というＤＮＡが浸透している。近藤氏は親会社に在籍していた時、労働組合の執行委員長として一〇〇〇人のリストラに直面した。また独立に当たっては、親会社が保証していた借入金である六億円の個人保証を求められ、さらに右腕の常務が人材と商権（輸入総代理店権）を持って独立するなど、苦難のビジネスライフを歩んできた。赤字は犯罪というＤＮＡは、そこから生まれたものだ。これは、「全従業員の雇用を守る」という決意の裏返しでもある。

環境変化は、どの業界でも起こることだ。国内のライバルメーカーが輸入製品をまねして開発・販売したり、また海外メーカーが代理店契約を解除して日本販社を設立するなどのリスクを想定し、常に危機感を持って、何が起きても他人のせいにしない組織風土を目指してきた。その組織風土を実現するには、社員が頑張れば利益を上げられるビジネスモデルが必要で、それを構築することが社長の一番の仕事と考え、常に多角化を推進している。ここでいう〝多角化〟とは、コングロマリットではない。あくまで事業ドメイン内での商品（仕入れ）開発という「多角化」だ。

そして多角化するための判断基準は、次の五点に置いている。

①市場か製品（技術）か、どちらかで共通性があるもの（シナジー効果）
②大企業とは競合しない
③社員の成長や意欲につながる
④すべてを自前でやろうとせずパートナーを探す
⑤本業の収益の範囲内で行う

同社はこれまでに、多角化で何度も失敗した。だが、会社が赤字になったことはないという。それは、この五つの判断基準に従って経営を行っているからこそ、本業できちんと利益を確保するバランス感覚が発揮できているのだろう。

(3) 社員を大事にする経営

社員が長時間残業をしなければならないのは、ビジネスモデルが間違っている、もしくは崩れてきているからであり、長時間残業をしなくてよいようなビジネスモデルに変革することが重要だと近藤氏は言い切る。同社の社員一人当たりの月平均残業時間は約一〇時間だという。

同氏が考える会社の目的はたった二つ。「社員の雇用」と「社員の成長」だ。経営者には「働くことを知る喜び（人生の喜び）」を知る雇用者を、一人でも多く増やす責任がある、という経営哲学を持っている。二三年間連続黒字の最大の要因であり、これがなければビジネスモデルを進化させることもできなかったに違いない。「（会社は）社員のモチベーションが一〇割」と同氏はコメントしている。

次に、日本レーザーが取り組んでいる「社員を大事にする経営」の施策について、近藤氏の著書[*12]から紹介する。

①明るい雰囲気づくり

同社では、相手に好印象を与える「笑顔の能力」に対して、新入社員は最低ランクの月額四〇〇〇円、最高で同二万円の手当を支給している。笑顔は性格ではなく「能力」と定義しているのだ。明るさや快活さを生来の性格だと位置付けると何も変わらない。能力として位置付ければ、鍛えることも磨くこともできる。

近藤氏は、「良い報告は笑顔で聞く。トラブルなどの悪い報告は、もっと笑顔で聞く」ことを自ら実践している。なんでも言える環境、社員が話し掛けやすい空気、問題を隠蔽しない体質があれば、社員は会社を辞めない。

②メールを活用した成長とコミュニケーション強化

全社員が毎週末、「その週に自分が気づいたこと」「その週に頑張ったこと」を上司や担当役員へメールで報告（同僚にも同時送信）する。業務上のトラブルだけではなく、日常生活の中での嫌な経験や失敗談など、内容は問わない。大事なことは、自分がどう考えたか、という気付きを報告するものだ。メールを受け取った上司・担当役員は必ず返信し、フィードバックする仕組みである。その主な成果は次の五点だ。

- **社員の成長を促す**
- **社内コミュニケーションが円滑になる**
- **返信内容を見て次期経営者を見極める手段になる**
- **理念や方針が浸透する**
- **社員の承認欲求を満たす**

二〇〇七年に始めたこの制度、今ではトップのもとに五万五〇〇〇通のメールが保存されており、同社にとって社員成長記録の宝物となっている。

③魔法の「働き方契約書」クレド

近藤氏は、「会社の結果は社長の思いで決まる」と考えている。トップの言葉で社員にダイレクトに伝えることが経営の要諦であるとし、「会社の定義」や「会社の存在意義」について、「ＪＬＣクレド」を通じて明確にしている。

このクレドは、近藤氏が誰にも相談せず独りで作成したものだ。同氏は、「中小企業は社長第一主義が正しい」という哲学を持つと同時に、「社員第一主義でなければならない」とも考えている。つまり、同社のクレドは「社長第一主義と社員第一主義を両立したもの」となっている。また、社員にとっては「このように働く」という約束になるため、同社ではクレドを「働き方契約書」と表現している。このクレドは、同社ホームページで全文が紹介されているので、ぜひご覧いただきたい。

このクレドを作成したのは、社員の雇用を守るため絶対赤字にしない、そして人が辞めない会社にする仕組みづくりの一環である。手帳サイズに印刷して全社員に配付し、会議のたびに唱和して理念を浸透させている。また各項目は後述する人事考課制度の評価対象になっている。

④ダイバーシティー経営

日本レーザーは、国籍・年齢・性別・学歴を問わず、異質な人材、多様な人材を採用し、その能力が最大限に発揮できる機会を提供している。女性社員比率は三〇%、管理職に占める女性比率も三〇%、六〇歳以上の高齢者比率は二〇%、外国人比率が二〇%と、ダイバーシティー経営を実践している。異質が刺激し合いながら協力体制を生み、能力発揮の場をつくっており、「他人を認め、自分の成長を追求する」ことにつながっている。

また、本人のライフスタイルによって雇用契約形態を選択できる制度を導入している。パート社員の雇用形態を例に挙げると、一日四時間までの勤務で週三～五日働くケースがあり、一人ひとり違う。正社員でも七～八時間勤務を選択できる。毎日四時間勤務のパート社員だった女性は、六〇歳を過ぎてフルタイムの嘱託雇用契約社員になり、株主になったケースもある。

では、中小企業でダイバーシティー経営に取り組むにはどうすればよいか。同社では次の三つに取り組むことで、ダイバーシティー経営を推進した。

A．ハローワークの活用

背景には、経営破綻による人材不足があった。しかし、再建当初は求人費用を多くかけられないため、ハローワークに頼らざるを得ない。そこでリストラされた高齢者や、セクハラにあって会社を辞めた女性、外国人などを採用し、結果として労務構成がダイバーシティーになった。

B．新卒採用をやめて通年採用

日本企業のほとんどは新卒四月一括採用で、初任給に「男女差がない」という建て前が一般的だが、この制度は一〇年、二〇年と勤続していく間に格差が生まれる。同社ではそれを生まないため、通年採用の方針をとっている。家庭の事情で内定を辞退せざるを得なかった新卒者、また能力に応じて働きたい優秀な人材を採用するには、そのほうがよいという判断である。

C．透明性の高い人事制度

ダイバーシティー経営を支える同社のバックボーンシステムが人事制度である。これについては⑤で記載する。

⑤実力主義の人事評価制度と「二‐六‐二」の下の二〇%を切らない経営

企業の人材構成に関する通説で「二‐六‐二の法則」というものがある。上位二〇%は会社のけん引役、中位の六〇%は会社を支える人材、下位二〇%は上・中位の八〇%にもたれかかっている人材。この下位二〇%をリストラ対象にしている会社もあるが、同社では「残り八〇%に気づきを与えてくれる存在」と定義し、この二〇%の雇用を維持している。それにより「たとえ下位二〇%に落ちたとしても会社は雇用を守ってくれる。だから自分たちも会社に貢献しよう」というロイヤルティーが醸成されている。

そのバックボーンに、実力主義の人事制度がある。年功序列の定昇制度、家族・住宅手当などを廃止し、能力主義（基礎能力と実務能力を評価）、成果・貢献度主義（目に見える成果と目に見えない貢献度を評価）、さらには経営理念の体現度に基づく処遇体系を構築している。このような制度なら女性・外国人・転職者でもフェアに処遇でき、社員のモチベーションが高まる。

そして、全役員が全社員の全項目について評価する決まりであり、役員間の合意によって評価ランクが確定する。人事考課によって自身の評価やポジションが明確に分かる仕組みになっているため、たとえ下位二〇%にポジショニングされても、上位を目指すためには何をすべきかが明確になっているといえる。

(4) 組織風土イノベーションの成果

同社の組織イノベーションを一言で集約すれば、「社員を育む経営」である。「第一回 日本でいちばん大切にしたい会社」大賞の「中小企業庁長官賞」受賞（二〇一一年）を皮切りに、経済産業省「ダイバーシティ経営企業100選」「おもてなし経営企業選50社」や東京商工会議所の「勇気ある経営大賞」（ともに二〇一二年度）、中小企業庁「がんばる中小企業・小規模事業者300社」や厚生労働省「キャリア支援企業表彰（厚生労働大臣表彰）」（ともに二〇一五年）、「ホワイト企業大賞」（二〇一七年）など、数々の賞を受賞している。

日本レーザーは二三年間連続黒字に加え、一〇年以上も離職率は実質ゼロという。社員が辞めないのは、会社がもう一つの「家族」だからだ。ただし、甘やかしたり過保護にしたりするのではなく、実力主義の中で一人ひとりが個性を発揮し、協力し合える社風をつくり上げたことに他ならない。

トップの信念がDNAへと昇華し、社員全員経営で強い組織体質と風土をつくり上げたモデル事例である。

4　社員満足度ナンバーワンを目指してまい進するファブレスメーカー
――オークス

(1) 組織風土と連動していた、組織・人材面における課題

「社員満足度日本一」をビジョンに掲げるオークス（新潟県三条市）は、キッチン用品の企画開発・デザインと、住宅設備の受託を主たる事業とするファブレスメーカーである。同社は一九四六年、佐藤俊之社長の祖父・佐藤貞吉氏が創業。一九五四年に法人化（佐藤金物）した後、一九七一年に商号を佐藤器業へ変更し、さらに一九九〇年、現社名へ変更した。〈Attractive／魅力ある〉、〈Utensil／家庭用品の〉、〈eXperts／専門家〉が社名の由来で、キッチン用品の企画販売事業には『ＵＣＨＩＣＯＯＫ（ウチクック）』と『Ｌｅｙｅ（レイエ）』という二つのブランドがある。

現在の佐藤社長が就任するまでの同社は、一言でいえば「暗い」会社であった。例えば、日報や週報など社員から提出される報告書には、他部門への叱責や不満、あるいは会社や上司への批判が記載されており、仕事に対する姿勢が総じて受け身だった。

こうした組織風土と連動するかのように、当時の同社の売上げの多くは薄利な下請け事業に依存しており、業績も厳しく、赤字になることもあった。

(2) 社員満足度日本一と社員が主役の会社づくり

同社のビジネスモデルイノベーションは、下請け体質からの脱却とオンリーワン開発企業への進化であった。それを実現していくためには、組織風土イノベーションが必要になる。

二〇一〇年、代表取締役社長に就任した佐藤俊之氏は、組織風土・人材改革を進めるに当たり「社員満足度日本一」を目指すことを決意した。そして、まず社員一人ひとりと真摯《しんし》に向き合い、話を聞くところからスタートした。会社や上司に対する不満の原因は何なのか、他部門への要望・要求事項は何か、などについて徹底的に対話した。そこから見いだした一つの結論は「社員が主役になって会社を動かす」ことだった。これを実践するため、同社は多種多様な取り組みに挑んでいったのである。次に、そのユニークな取り組みをいくつか紹介する。

①女性が主役の商品開発チーム

女性ならではの視点を生かした商品開発によって、いくつものヒット商品をリリースしているブランド『Ｌｅｙｅ』がある。これは、女性を中心とした開発チームが「女性が使うものは女性が考える」というコンセプトのもとで開発を推進し、エンドユーザーである女性の視点を生かすとともに、メンバーそれぞれが主役意識を持って取り組んでいる。彼女たちが開発した「ゆびさきトング」は、月刊情報誌の『日経トレンディ』（日経ＢＰ社）が選ぶ「ヒット商品ベスト30」（二〇一三年）で「ご当地ヒット大賞」を受賞し、数々のメディアで取り上げられるほどのヒット商品となった。その他、このブランドから「みそマドラー」や「グリルホットサンドメッシュ」など、多くのアイデア商品がリリースされている。

②「サンクスカード」

「サンクスカード」とは、社内の他の社員に仕事を手伝ってもらったり助けてもらったりした際に感謝の気持ちを伝える、社員の名前と内容を記入した名刺サイズのカードである。オークスでは、三枚集まった社員の家族宛てに、カードを貼ったはがきを社長が送るというコミュニケーションシステムを導入している。社員の活躍を家族へダイレクトに伝えることで、社員の存在価値が家庭の中でも認識され、尊敬されることになる。そのことによって社員のモチベーションも高まり、さらに活躍するという好循環を生んでいる。家族に郵送する際は、封書ではなく、はがきを使用しているところもポイントだ。封書は開封して取り出さなければならず、しばらく家族の目に触れない可能性がある。しかし、はがきであれば、家に届くとすぐに誰もがひと目で見ることができる。

③社内イベント

オークスは、社内レクリエーションの企画でも、他社であまり見られない「ちょっとした工夫」をしている。例えば、今では珍しくなった社内運動会や春の三〇キロメートル遠足、クリスマスダンスパーティーといった社内イベントが社員の自主企画によって運営されている。また、一流と感動を経験するという趣旨のもと、全員参加・全額会社負担の社員旅行では必ずその土地の最高級ホテルに宿泊するという。

年に一度行われる経営方針発表会もユニークである。発表会の企画は社員が考え出す。ある年は映画館を借り切って、「アワードセレモニー」と称してレッドカーペットを敷き、社員は何か一つ〝赤いもの〟を身にまとい参加するというドレスコードを決めたこともあった。この一年において会社への貢献度の高い社員に対して社長賞など一五の賞が授与される授賞式では、一人ひとりに社長直筆の手書きの手紙が読み上げられ、感動のあまりに涙する社員もいる。「人が感動する演出」に工夫がされていて、想像するだけでもエキサイティングだ。

その他、毎朝二〇分間、全社員で掃除を行っている。社内清掃は多くの会社でも日常的に行われているが、たいていは就業時間外である。しかし同社では「掃除は仕事」と捉えており、就業時間内に行っている。掃除の大切さをクレドに記載しているほど徹底している。

仕事場を徹底的にきれいにすることを通して、仕事を徹底するための訓練や気付く感性の向上、小さな成功体験を積むこと、達成感を味わうこと、仕事モードへの切り替え、来客者に対する礼儀、会社に対する帰属意識の醸成など多くの効果が得られる。同社では、誰もができる掃除さえ満足にできない会社に、価値のある商品を開発することなどできないと考えている。

今では、社屋の他に地域の公衆トイレの掃除まで行っている。

また、古くなった本社のリフォーム（内装など）も、社員がチームを組み、プロ並みのクオリティーで実施している。お金を節約するという経済的な理由からではなく、社員がほぼ毎日過ごす会社の中は社員の思いを込め自らがきれいにする、という発想からスタートしている。社員自らの手による社屋リフォームは毎朝の掃除と同様に、社員の会社に対する帰属意識の醸成につながっている。

④オークスフォード大学

社名のオークスを英国の名門大学と掛け合わせて名付けられた社員研修システム「オークスフォード大学」。その名称だけでもユニークだが、優秀な講師陣を招いて、学ぶ教育の場が社員に対してだけではもったいないと、地元市民も参加できる市民大学も兼ねるようにしている。事前の申し込みは不要で、授業料は一〇〇〇円（学生は無料）と気軽に参加できるようになっている。市民大学の名の通り、名誉総長（学長）には、三条市長が名を連ねる。開発型企業の能力向上を目的とし、年間を通してのテーマは「アイデア」だ。社員研修の場を一般市民にも広く提供することによって、地域貢献もできる上、オークスの知名度向上にもつながる。まさにオークスだからこその〝アイデア〟研修である。

(3) 組織風土イノベーションの成果

これらのユニークな多種多様の取り組みによって、同社は社員が主役となる自主的な組織風土が醸成され、明るく活気のある会社に生まれ変わった。このイノベーションの成果をベースに、開発型企業への進化も遂げている。

社員全員が参画し、一人ひとりが主役になって活躍できる場や仕組みを創造することにより、組織が少しずつ変革していった。「ちょっとした工夫」で大きな変化を遂げるということと、決めたことは継続してできるまでやるということが重要だ。組織にイノベーションを起こす仕掛けを、たとえ小さなことであっても、それが革新につながるまで続ける。

モデル企業として紹介しているオークスも、目に見える成果が出るまで時間を要した。長年の蓄積で凝り固まった組織風土を変えるには、それなりの時間が必要だ。同社は、「社員満足度日本一」と「社員が主役」をテーマとしたイノベーションに挑戦し、成功に導いたモデル企業である。

5 自由闊達・自律的に動く組織と人をつくる
――九州教具

(1) 九州教具のビジネスモデル変革の歴史

九州教具(長崎県大村市)は一九四六年に文具店(本田文具店)として創業し、その後、総合的な事務機器販売業へステップアップした企業である。

しかし、近年は事務機器業界の成熟化に加え、ペーパーレス化によるニーズ減、また景気低迷に伴うオフィス投資の減少という厳しい経営環境に直面した。同社はそうした市場環境に危機感を覚え、新事業を設立。現在はホテル事業や飲料水製造販売事業まで展開し、成果を収めている。二〇〇五年に財団法人地域総合整備財団(ふるさと財団)の「ふるさと企業大賞・総務大臣賞」を受賞したほか、二〇〇九年には同社ホテル事業部が「全国企業品質賞・最優秀賞」、また二〇一三年は環境省の「環境保全功労者環境大臣賞」を受賞するなど、その経営手法は各所で称賛されており、顧客と展開地域に対し確かな価値を提供し続けている。

九州教具の経営の要諦は「CSV(Creating Shared Value＝共有価値の創出)経営」だ。「企業の事業戦略と社会の要求を結び付けられる」よう、事業を推進している。時代の変化とともに「モノ売り(商品販売)」から「コト売り(ソリューション提供)」にレベルアップが必要とされる

中で、同社は、

「顧客にソリューションを提供しようとしている我々自体が、はたして自社内でソリューションを実践できているのか？」

「例えば、事務機器販売を生業とする会社がペーパーレス化を自社で実践していないのに、ペーパーレス化のために事務機器販売をするというのは虚業ではないのか？」

――と、真摯に自社のあり方を振り返った。

その問いに対し、「自社でソリューションを実践し、そのノウハウ・プロセスを共有化することを事業化する」という価値判断を持ち、参入したのが「ホテル事業」である。その後、「美味しい・安全な水を提供し、顧客の水の備蓄・消費ランニングストックをサポートする」ことを付加価値として提供する「ウォーターネット事業」を展開。ホテル業については、ビジネスホテルの開発と運営コンサルティングを展開する「キュービック・ファシリティ・マネジメント株式会社」を設立し、文字通り「実践済みのソリューション提供」という成功につなげている。

このような進化を遂げてきた九州教具だが、〝新分野への進出〟というビジネスモデルイノベーションの過程では、「組織・人」のレベルアップに努めてきたプロセスがあった。

(2) 新しい事業へのアイデアと推進人材を輩出する「立候補制」

新規事業において最も重要なのが「事業アイデアの創出」と「事業推進メンバーの選抜」で

ある。アイデアあれどメンバーなし、メンバーいれどもアイデアなしでは、新規事業は立ち上がらない。そのハードルを、同社はユニークな取り組みで解決している。

同社では、新規事業の推進者は「立候補」で決定する。

「私だったらこんな事業をする」

「この事業は私ならこうする」

——という考え・意見・熱意を持った社員を募り、積極的に採用しているのである。立候補するもしないも当人の自由であるが、「成果を上げれば当人の成果」「失敗の責任は経営者が取る」というシンプルなルールのもと、人事制度と連動させて実施することで社員のモチベーションは上がり、次々と事業推進メンバーが集まり、事業が推進されている。

あるホテルでは、中国出身のメンバーが長崎市内のホテルの中で中国語のサイトがないことに気付き、自ら名乗りを上げて自社ホテルのサイトを中国語にしたところ、このノウハウが事例となって「中国語のサイト作成」というサービスが新たに生まれている。

この立候補制を推進するためのポイントとして、同社で共有されている社内のルールに「上司の悪口を承認する」というものがある。「上司にも批判・指摘をしてよい」「上司は批判・指摘に対し、真摯に対応しなければならない」という社風が、良い気付きとアイデアの醸成を加速させる。その気付きやアイデアの〝ネタ〟となる悪口・批判・指摘をブラックボックス化させないことが重要なのだという。

また、社員一人ひとりに「自分もはたして正しいのか？」と考えさせることにもなり、いわば自己否定を仕組みとして定着させた。これが立候補制を支える土台となっている。なお、経営者自身もこのルールに従って、社員の七割から常に批判されているとのことである。トップ自身がその批判・指摘を受け入れ、誠実に対応し、身をもってトップとしての範を示している。

この立候補制は、外国人・女性も含めた全社員に適用しており、ダイバーシティー経営の推進につながっている。

(3) 外国人・女性活用によるダイバーシティー経営推進で組織力強化

近年、長崎県は外国人のインバウンド需要が伸びており、実際、ホテル利用客の多くを外国人が占めている。その需要に応えるために、九州教具は外国人従業員の積極的な採用が必要だと考えている。「ハラール」(イスラム法において合法である物事)や「コシェル」(ユダヤ教の食事戒律)など各国の文化に対応するためには、その文化をよく知った同郷の人間が最も適任だからである。

また、女性の活用においても、同社は積極的に採用・活躍の場を提供しており、「二〇一二年度男女イキイキ企業表彰」(長崎市)や、「二〇一五年度ながさき女性活躍推進企業等表彰」(ながさき女性活躍推進会議)の大賞を受賞した先進企業である。

立候補制では、事業だけでなく社内活動(委員会・ワークチームなど)も立ち上がる。その中の「社員満足度委員会」は、女性だけのプロジェクトとして二〇〇九年に立ち上がった。その委員会では、「社員同士が互いについてよく知らない」という課題に対し、社員全員分のインタビュー記事を作成。「社員の家族が九州教具について知らない」という課題に対しては、社員の子どもを職場に招き日頃の仕事ぶりを見てもらう職場参観「わくわく☆ワーク」を実施するなど、組織の活性化と地域社会の次世代育成貢献につなげた。家庭に対する視点が、男性よりも広く深い女性によるワークだからこそ成功につながった例である。

その委員会のメンバーだったある女性社員は、モチベーションをその後も高く維持し、同社初の女性営業に立候補した。現在では営業社員全体の三〇%を女性が占め、女性視点も踏まえた提案営業を展開するなど、活動の幅とレベルが確実に向上しているという。

(4) 制度を支える人材ビジョン「人の役に立つ人間になる」

これまでに述べたような組織・人に対する取り組み、それによって得た確かな成功の土台には、九州教具の企業理念である「誠実にして　正確を旨とし　社会に貢献すべし」を基盤に据え、「人をどう育てるべきか」というところにまで落とし込んだ理念体系がある。

社会に貢献し、人の役に立つ企業となるためには、社員一人ひとりが「人の役に立つ人間になる」という強い思いが必要だ。そのために、活躍できる場を用意するのが会社の役目である。それを一貫して実践しているからこそ、同社は事業・組織・人材の間ですれ違いが起きることもなく、組織力を発揮できているのである。

この理念体系を真摯に追求した上で、国籍・階層も違うメンバーでチームを組むダイバーシティー・インタラクション（多様性による相互作用）、新規事業を常に発掘して柔軟なメンバー構成で仕事を行うことで得られるダイバーシティー・エクスペリエンス（多様性による経験）が好循環する。それが、九州教具の「地域のイノベーター企業」としての地位を確立しているのである。

第6章

ビジネスモデルイノベーションへの挑戦

1 ビジネスモデルイノベーションの学び方

ビジネスの世界に限らず、世の中のすべての発明や革新はゼロから生まれていない。イノベーションではなく、〝レボリューション〟と呼ばれる一八世紀後半の産業革命でも、その原動力となった蒸気機関や紡績機などは、英国をはじめとする欧州各国で中世より蓄積された製造技術によって生まれている。

その意味では、どこからどのようにビジネスモデルやイノベーションを学ぶのかが重要な着眼となる。第2章の「四つの『I』のストーリー」でも述べた通り、学びやすい同業界からの学びは改善レベルからなかなか脱し切れず、模倣で終わってしまうことが多い。もちろん、自社が同業他社に大きく差を付けられている場合は、同業界からの学びも有効で意義があり、そのレベルに達することは大切だ。しかし、学びやすい同業界のモデルは、同業他社にとっても学びやすく、模倣がしやすく、またされやすい。

ただし、同業界からの学びでも、イノベーティブな展開が可能なケースはある。それは海外の先進事例からの学びだ。日本は島国であり、日本人は英語をはじめとする外国語の習得が苦手な傾向があるため、ボーダーレス化した情報時代において後れを取りやすい。つまり、その中で海外先進事例を国内でいち早く取り入れることができれば、限定された日本という特定市場の中でのイノベーターになり得る。

この場合、イノベーションとなるポイントは、もととなるビジネスモデルを、日本という国の文化や習慣に適したものにカスタマイズする創意工夫と試行錯誤だ。そもそも、農業国だった日本が世界トップクラスの工業国になったこと自体、欧米の先進技術やビジネスモデルを取り入れた結果である。そして、さらに創意工夫と試行錯誤を続けることによって、モデルとした企業や事業を追い抜き、ナンバーワンになっている業界や技術も多い。時代の変遷の中で衰退したものもあるが、家電から自動車、半導体、建設機械、カメラなどがその最たる例だろう。

近年は、米国でスタートしたインターネット関連ビジネスを取り入れ、日本独自の仕様に置き換えて成功しているケースもある。例えば、コンビニ大手のセブン‐イレブンも、〝本家〟の米国サウスランド・アイス社との契約から始まり、日本独自のコンビニモデルへと精錬し、今では本家をグループに取り込み（救済買収）、進化を続けている。ノーボーダー時代の今日、先進モデルが常に欧米から生まれるとは限らないため、グローバル視点は欠かせない。

自社に取り入れる学びは、遠ければ遠いほど難しくなる半面、成功すれば簡単に模倣されることはない。海外モデルからの学びは地理的な遠さがネックとなるが、遠いという意味では、異業界や異業種でも同じことがいえる。つまり異分野――異文化・異業界・異業種――の事例は、イノベーションにとって最良の学びとなる。

異分野から学ぶ場合、一つの着眼点として「共通性」がある。その共通性を見る視点として、ビジネスモデル・コンポジションが有効である。

例えば、プラットフォームモデルの場合、バリュー・テイカー（価値を享受する人）は、小規模事業者や不特定多数の一般消費者が多い。大企業とは異なり、経営資源が不足する小規模事業者やエコシステムのプレーヤーとして参加する一般消費者は、自らブランディングしたり、チャネルを開発したりする力を持たない。そのため、第三者が構築したプラットフォームに参加したいという大きなニーズが生まれ、その場が活性化していく。ここに着眼し、自社の属する業種や周辺業界で同じようなバリュー・テイカーの特性があるとすれば、プラットフォームモデルの展開が可能かもしれない。また、機械や設備など、都度売り切りのスポット型ビジネスの企業が毎月、安定収入を得られるベース型ビジネスへのシフトを指向する場合、サービスドミナントモデルで成功している価値創造システムを分析すれば、多くの有益な学びが得られるだろう。

カミソリメーカーのジレットが始めたことから、「替え刃モデル」ともいわれるインストールモデルは、現在、さまざまなメーカーが創意工夫をしながら自社に取り入れ、成功を収めている。逆にシステム全体やモデルの本質を理解しないまま、表面だけを取り入れると、組織もオペレーションも混乱してしまう。トヨタ生産方式のＪＩＴ（ジャスト・イン・タイム）を取り入れようとして失敗したのはフォードに限らない。日本国内においても、主体的に生産をコントロールできない下請け型のメーカーがＪＩＴを導入しようとして、うまくいかなかった例は多い。

異分野に触れる機会や方法として、異業種ビジネスマッチングのようなイベントがよく行われているが、より推奨したいのは、異分野のさまざまなビジネスを学ぶ勉強会への参加や、興味ある企業への視察・訪問、モデルにしたい企業の経営者や経営幹部の話を直接聞くことだ。異分野からイノベーションを学び、インスピレーションを得るために必要なのは、明確な目的を持つことのほかに、「旺盛な好奇心」を持つことである。自社をよりよくしたいという思いと、いろいろなことに触れて学びたいという好奇心があれば、異分野からのインスピレーションを得られやすくなる。逆に、そうした思いがなければ学ぶ意味はなく、好奇心もなければ直接関係のない異分野を知りたいと思わないだろう。その意味では、好奇心の乏しいイノベーターは存在しないといっていい。

世の中で流行していることが、たとえ自分の価値観と異なっていたり、理解できなかったりしても、そこには世間の耳目を集めるだけの社会的ニーズと価値があるはずだ。それを「軽薄だ」と決め付けず、なぜ自分が軽薄だと思うものが世の中で流行し、価値を生んでいるのか、好奇心を持って調査をしていくと、見えなかったものが見えてくる。表面上のことだけを調べるのではなく、その本質的価値まで掘り下げつつ、全体を俯瞰《ふかん》しなければならない。

2　組織風土イノベーションの3Dアプローチ

ビジネスモデルのイノベーションと、組織風土のイノベーションには、共通したアプローチがある。それは異質からの学びだ。異質との接触と融合は、常にイノベーションの源泉となる。

例えば、〝暗黒時代〟と呼ばれるほど文化的に停滞していた中世ヨーロッパで、ルネサンスが起こったきっかけは他ならぬイスラム文化との接触であった。また、日本が明治維新という革命によって近代化に成功していくきっかけは、海外列強といわれる欧米諸国との接触だった。

ビジネスモデルイノベーションのアプローチが異分野からの学びであるとすれば、組織風土イノベーションのアプローチは異質な組織や人材との接触にある。純粋培養で同質化した人材だけでイノベーションを起こすのは難しい。異質・異端・異能の人材を積極的に既存の組織で受け入れることによって、新たな視点、新たな気付き、新たな知見が得られる。最初の段階では既存の人員とのコンフリクト（意見・感情・利害の衝突）が生じるものの、それがいわゆる化学反応として作用し、通常とは異なる結果が生まれる。人は同質の仲間たちと行動を共にすると、あうんの呼吸で仕事ができるし、スムーズにコミュニケーションもとれる。そこへ異質な人材が入ると、あうんの呼吸は乱れ、足並みをそろえるための説明や説得に時間がかかる。しかし、これが大切なのである。あうんの呼吸で物事が進んでいく組織では、確かに業務の効率化は進むかもしれないが、イノベーションは起こらない。

異質な人材の受容を意味する言葉として、近年、「ダイバーシティー（多様性）」がよく使われる。ダイバーシティーは、マイノリティー（少数派）の女性や外国人を差別することなく受け入れるという義務として捉えられることもあれば、新卒採用で応募者数を増やすためのセカンドベストの手段という消極的な捉え方をされることもある。しかし、ダイバーシティーは企業成長の起爆剤ともなるし、イノベーションを起こす源泉ともなるため、積極的に推進したい。実際、イノベーティブな組織では、女性がいきいきと活躍しているし、さまざまな国籍の外国人社員が会議で活発に議論している。

また、異質な人材がイノベーションの原動力となる理由の一つに、場の空気を読まない、あるいは読めないということがある。同質化した集団の中では、口に出さなくても分かっているはずだという暗黙の了解や、周囲の雰囲気を察知して意見や行動を控える、いわゆる空気を読む力が備わってくる。これらは往々にして、保身や責任回避、事なかれ主義に転化していく。そうした組織で最も懸念すべき点は、重大な問題が隠れてしまうことだ。「これは公の場（会議）では言えないな」という問題ほど根が深く、核心的であることが多い。誰も指摘できずに言い淀んでいる限り、その問題の根本は解決されず、表面上だけの話し合いとおざなりの対策で終わってしまう。その点、異質な人材は場の空気を読まず、疑問に思ったことは率直に口にし、問題提起をする。

私は仕事柄、多種多様な企業の会議に参画するが、中高年男性だけの会議と、女性や外国人が入り混じって参加している会議では、議論の深さや提案の切り口、質疑応答の中身が大きく異なる。ノーボーダー時代に対応するため、イノベーションに挑戦しているにもかかわらず、部門や性別、国籍、年齢、社歴などさまざまなボーダーを社内に築いていては、笑い話にもならない。

イノベーションとダイバーシティーは密接な関係にあり、組織風土イノベーションのためには次の三つのダイバーシティー（３Ｄ）の実践が有効だ。

①ダイバーシティー・インタラクション―異質な人材との交流―

異質・異能・異端の人材との交流が、組織に新しい風を吹き込み、変革を生み出す鍵となる。女性（女性が多い職場は男性）、外国人、若手、中途入社者など積極的な採用と活用が重要である。ここでさらに大切なことは、職務や役職階層にかかわらず、彼・彼女らに活躍の場を与えることだ。特に、業歴が古く、同質化が根付いている組織では、性別や国籍、年齢などに対して一種の固定観念があり、多様な人材を擁しながら職務や役割を限定してしまうケースが多い。そうすると、結局は組織内でその属性に応じたボーダーを築くことになり、多様性のある採用を行っているにもかかわらず、多様性が生み出す成果を享受できない。組織内におけるこのボーダーのことを、目に見えないガラスの壁、またはガラスの天井と表現されることが多い。

②ダイバーシティー・エクスペリエンス―異質な業務体験―

新卒入社から定年まで、社員に一貫して営業畑や技術畑、経理畑を歩ませるケースが大企業でもある。多拠点展開をせず本社のみの中小企業の場合は、転勤命令も出せない。そうすると社員は特定部門・地域の専門的な知識と技能を習得することはできるが、その半面、一方向からしか会社を見ることができない。偏った業務経験を持った社員ばかりだと、イノベーションは難しい。さまざまな部門や地域で多くの業務を経験させることが望ましい。現実的に人手不足や効率性の問題で人事異動などが困難な場合、プロジェクトの組成による異質体験の場を創出するとよい。具体的には、顧客と普段接することのない工場のワーカーや、間接部門のスタッフなどに、マーケティング関連のプロジェクトに入ってもらう。あるいは、部下を率いたことがない若手・中堅社員に、リーダー役を担わせるプロジェクトを組成するといったことだ。顧客視点の大切さやリーダーとしての姿勢などは、日常業務の中で文字や話として見聞きしたとしても、実際に自分がその立場に立って推進する体験に勝るものはない。貴重な学びと成長の機会となるだけでなく、多角的な視野を持つことができる。そうした人材が増えれば増えるほど、組織に多様性が広がり、現状に固執しない組織風土が醸成される。

③ダイバーシティー・フィールドワーク——異質な業界・業種との接触——

「ビジネスモデルイノベーションの学び方」でも述べた通り、異質な異業界・異業種からの学びが大切だ。経営者・経営幹部などのトップ・マネジメント層は、積極的に外の世界へ目を向けなければならない。現状の自分の業界・業種とはすぐに結び付かないかもしれないが、先進国や急成長している新興国、最先端技術や街の流行、まったく接点のない業界や業種、これらの世界に好奇の目を向け、現場にまで足を踏み入れる。頭で知識として理解するだけでなく、五感を研ぎ澄まして全身で体感する。企業はトップの器以上に大きくならないといわれる。トップ・マネジメント層が、自らの世界を広げ、多様な価値観を持たなければイノベーションなど起こせない。現場・現物・現実を重視する三現主義の精神で、多様なフィールドワーク（実地研究）を実践することが重要である。

3 立ちはだかる三つの壁と突破する五つの原則

今まで述べてきたように、イノベーションなくしては、成長するどころか生き残ることさえ困難な、ノーボーダー時代の真っただ中に私たちは生きている。今後、この潮流はさらに加速化していくだろう。しかし、イノベーションは難しく、簡単に起こすことはできない。これまでに紹介してきた数多くの企業も、そのほとんどが苦心・苦労・苦悩の末にイノベーションを成し遂げている。逆にいえば、容易にできないからこそ、付加価値が高く、他社との差別化が可能となる。

これまでのコンサルティング現場での体験や、多種多様な優秀企業の事例研究から導き出せるイノベーションへの道を、本書を総括する形で最後にまとめたい。それはすなわち、ビジネスモデルイノベーションに立ちはだかる三つの壁と、それを突破するための五つの原則である。

立ちはだかる三つの壁とは、次の通りである。

●固定観念の壁
●意思決定の壁
●実践行動の壁

最初の壁は、固定観念と先入観から生じる、イノベーション視点の欠如だ。自社の成功体験や既存事業の肯定から生じる固定観念や先入観は、そもそもイノベーションの必要性を感じさせることがなく、たとえ感じたとしても、その発想や着眼が分からない。したがって最初の一歩さえ踏み出すことができない。ここでは〝壁〟と表現しているが、厳密には壁にさえたどり着けない状態である。

二つ目の壁は、イノベーションの発想や方法が見いだせた後の意思決定だ。現在の機械や設備、拠点や販売網、システム、組織など、そのすべてが現在のビジネスモデルのために投資され、今に存在している。現状を変えることによって生じるリスクをどうしても許容することができず、イノベーションを起こそうという意思決定ができない。「経営は意思決定である」との格言通り、意思決定がなされなければ何もスタートしない。

三つ目の壁は、イノベーションに対してトップ・マネジメント層が意思決定した後、実際にそれを具体化すべき組織・社員が積極的に行動に移さないことだ。そのイノベーションがドラスチックであればあるほど、組織の生理的ともいえる拒否反応が強くなる。組織・社員に作用する慣性の法則が、イノベーションの実践を阻害する。進捗が遅れ、うまくいかなくなると、トップ・マネジメント層にもイノベーションへの不安が生じ、意思決定を翻す羽目にもなりかねない。

これら三つの壁を突破し、市場や業界・業種にイノベーションを起こし、組織を変革に導いた企業に共通する成功の五原則は次の通りである。

①本質的価値の追求

モノやサービスを売っているという思考から脱し、それを通じて提供している本質的価値に着目することが大切だ。本質的価値を追求していけば、ドメイン（事業領域）の再設定にもつながり、そこから新たな分野への道筋が開ける。また、企業の使命や理念を具現化するためには、どのような価値提供がなされるべきなのか、源流から考え直すことも重要である。なぜなら、使命や理念こそが、企業の社会的存在価値を表したものであるからだ。

②異分野からの学び

現代が業界・業種の垣根のないノーボーダー時代だからこそ、異業界・異業種から積極的に学ぶべきである。同業界・同業種からの学びは模倣の域を出ず、同質化競争からは抜け出せない。「業界で未知であることはイノベーションである」と、シュンペーターは提言している。異分野から学ぶための基本姿勢は、好奇心があること、素直で謙虚であること、そして知識だけでなく体感することである。

③トライ&エラーのチャレンジ精神

異分野からの学びは、そのままだと自社のビジネスモデルに適応できない。そのためには創意工夫と試行錯誤が必要だ。失敗なくして成功はなく、最初に最良はない。「困難だから」とか「失敗しそうだから」といって挑戦しないようであれば、何も前に進まない。トライ&エラーを繰り返しながら、少しずつ前進していくチャレンジ精神はイノベーションに欠かせない。「一度も失敗をしたことがない人は、何も新しいことに挑戦しなかった人だ」。かのアインシュタインはそう言っている。

④強力なリーダーシップとマネジメント

多くの情報やデータがそろっていたり、結果の予測がほぼ見えていたりする意思決定は、凡人でもできる「判断」である。それに対し、不確定要素が多く、リスクを内包する意思決定こそがリーダーの「決断」である。未来に不安を抱いたまま、何もしないことこそが最大のリスクである。未来を切り開くための意思決定こそが、リーダーの最も重要な責務となる。また、本能的に変化を嫌う組織集団を統率して、同じベクトルに合わせてけん引していくリーダーシップなくしては、イノベーションを起こせない。イノベーションに成功している組織には、必ず強力なリーダーシップを持つトップがいる。

⑤熱烈な使命感と強烈な危機感

強力なリーダーシップを発揮するために必要なのは、ブレのない判断基準である。その絶対的な判断基準は、企業の使命や理念の中にある。使命や理念の中に記載されている企業の社会的存在価値や意義が、自分自身の中で昇華して使命感となり、信念となる。そして、この使命感と対を成すように、イノベーションにドライブをかけるのが危機感である。先進国から生まれる新たな技術革新や、新興国の持つ圧倒的なコスト競争力など、ノーボーダー時代の奔流に飲み込まれ、「このままでは倒産する」「事業が消失する」という健全な危機感を持たなければならない。

銀塩写真フィルムから医療・化粧品分野へ転進するイノベーションに成功した富士フイルムは、写真業界にデジタル化の波が押し寄せていた二〇〇三年、古森重隆社長（当時、現会長）はコダックが倒産する以前から、「トヨタから車がなくなる」「新日鉄から鉄がなくなる」と言い、本業が消失する危機感を社内で訴えていたという。*13 この強烈な危機感が熱烈な使命感と混然一体になってイノベーションの機運が生まれ、能動的に推進されていったのである。

おわりに

フリーミアムモデルの元祖ともいえる広告ビジネス、多店舗展開モデルを示したチェーンストア理論、優れたモデルゆえに今でもその名称が使われるジレットの替え刃モデル、アパレル業界に新たなモデルを築いたSPAなど古典の名作とも呼べるものから、マイクロソフトに巨利をもたらしたデファクト・スタンダードモデル、アマゾンの代名詞ともいえるロングテールモデル、情報検索を武器としたグーグルのプラットフォームモデル、SNSなどITによるコミュニケーションを基盤としたビジネスモデルまで、近年のイノベーションはほぼすべて米国で生まれています。

米国がイノベーション大国であることは周知の事実ですが、これも移民国家という異質の人々の集まりだからこその成果ともいえます。この国に成長と成功を求め、世界中から超の付くような優秀な人々が集まり、互いに刺激し合い、さらなるイノベーションを生み出す。また、それをドライブする巨額の資金も集まる。この潮流は、おそらく今後も続くことでしょう。

卸売企業のビジネスモデルを学ぶという目的でスタートした「卸流通ビジネスモデル革新研究会」は、卸や流通という業界・業種の枠を超え、あらゆるビジネスモデルを学ぶという「ビジネスモデルイノベーション研究会」へと発展しました。そして本書が発売されている頃には、私たちのビジネスモデルイノベーションの研究活動も、日本だけでなく海外へ広げる第一歩を歩んでいます。イノベーションの聖地ともいうべきシリコンバレーを訪れ、あまたのイノベーターを輩出し続けるスタンフォード大学を皮切りに、日本ではあまり知られていないさまざまな新ビジネスに挑戦している企業を訪問し、最先端のビジネスモデルを学び、研究します。

グローバルとは、ノーボーダーの最たるものであり、米国発のビジネスモデルも全世界へと伝播し、それぞれの地域で別のイノベーターによってカスタマイズされ、進化を遂げています。私たちも、国境というボーダーを越え、グローバルな視点で学ぶステージに進化していきます。また、別の機会にシリコンバレーの新しいイノベーション企業についても紹介したいと思っています。

現在、技術革新は日進月歩で進み、メディアでは毎日のように、AI、ロボット、IoT、自動運転車、ビッグデータなどの言葉が掲載され、特集も組まれるなどして注目を集めています。オープンイノベーションの概念を世に広めたヘンリー・チェスブロウは、「ビジネスモデルとはイノベーション実現のための乗り物である」と説いています。[*14] 技術がどんなに革新的で素晴らしいものであったとしても、それを活用するためのビジネスモデルが求められるということです。逆にいうと、技術革新には新しいビジネスモデルの構築やイノベーションのチャンスがあるということです。産業史を振り返ってみても、技術で勝ってビジネスモデルで負けたという例はたくさんあります。

日常的に仕事をしていると、どうしても自分の業界、自社の組織などから目が離せません。

テレビや新聞でニュースを見ていても、自分の業界と関係のない情報は、流し見るか、読み飛ばしてしまいます。仮に、視野を広げて人脈を広げようとしても、よほどのことがない限り、自分自身の日常の活動からそれを得るのは難しいでしょう。本書が自分の業界だけでなく、異分野から学び、異質を体感することの重要性を理解するきっかけとなり、自社にイノベーションを起こす決断と実践につながるようであれば、これに勝る喜びはありません。

本書の執筆にあたって、数多くの方々からのご支援・ご協力をいただきました。その方々との出会いによって本書は成り立っています。ビジネスモデルイノベーション研究会の趣旨にご賛同いただき、講演・視察をご快諾いただいた企業の皆さま、本書の事例掲載にご協力をいただいた企業の皆さま、研究会で共に全国を飛び回っている参加者の皆さま、社内においては、本研究会発足のきっかけをいただいたタナベ経営の若松孝彦社長、長尾吉邦副社長、研究会の運営メンバー、編集を担当したパブリッシングの吉永亮課長、竹下和香咲さんをはじめ本当に多くの方々のご支援・ご協力をいただきました。そして、普段から多忙で一緒に過ごす時間が少ない中、心身ともに私を支えてくれている家族もかけがえのない協力者です。最後にこの場をお借りして、皆さまに心から感謝の意を表したく思います。

村上幸一

本書に寄せて

異業種を身近に感じさせる多くの事例

早稲田大学商学学術院教授　井上達彦

唐突であるが、牛や羊といった動物の器官組織を人体に移植することを考えてほしい。移植を成功させるには、組織の構造的な強さを残しつつ拒絶反応を抑えなければならない。細胞を取り除いて完全に滅菌できれば、構造だけが移植できるようになる。これは絵空事ではない。早稲田大学理工学術院の岩﨑清隆教授はこの研究で特許を取得している。人体はまだ先だが、牛の靭帯を羊に移植したところ、奇跡が起こった。牛の組織の中に羊の細胞が入り込み、完全に羊のものになったのだ。

ビジネスモデルの移植についても同じことがいえる。構造だけを抽出して自らのビジネスに移転できれば、それは自分のものとなる。古くから「換骨奪胎」という言葉があるが、学術の世界でもこの行為こそがイノベーションを引き起こすといわれている（ビジネスパーソン向けの書籍としては、山田英夫著『異業種に学ぶビジネスモデル』日経ビジネス人文庫、拙著『模倣の経営学 実践プログラム版』日経BP社）。

本書の価値の一つは、この学説を豊富な事例とともに私たちに伝えてくれている点にある。

ビジネスモデルイノベーションを引き起こすための要因を探求し、組織マネジメントにまで踏み込んで「あるべき姿」を示している。

ビジネスモデルイノベーションというと、どうしても海外の事例に偏りがちで「親しみが持てない」という声も耳にする。ところが本書は、海外のよく知られた事例はもちろん、国内の特色のある企業を紹介してくれている。豊富な事例から私たちに洞察を促し、遠い異業種の企業であっても身近に感じさせてくれる。身近になれば、自分ごととして真剣に向き合えるようになる。

さて、真剣に向き合おうとしている読者に三つのポイントをアドバイスさせていただきたい。

第一に、本書の事例を自分なりに抽象化して「構造」を見抜いてほしい。うわべだけの移植をしてはならない。「お手本」の細胞を取り除き、構造だけを抽出できなければ、自分のビジネスに移植した時に拒絶反応を引き起こす。本書で紹介された事例であっても、自らの視点で分析し直すことで見えない構造への理解は深まる。

第二に、その事例がなぜ参考になるのかを自問してほしい。どの視点で見れば参考になるのか、そしてどのレベルで参考にしているのかを意識してほしい。同じ事例であっても、問題意識が違えば、異なった側面が参考になる。一つの事例にたくさんの「お手本」が隠されていることは少なくない。本書で紹介された楽天の事例にしても「コングロマリット」のみならず「プラットフォーム」のお手本として参考にすることができる。

第三に、その事例がどのレベルまで抽象化して参考にしているのかを意識してほしい。抽象化のレベルは三つあって、①モデルとして移転（自分の世界に単純に持ち込むだけでイノベーションを引き起こせる）、②アナロジーとして再構成（自らの世界に合わせて適応させれば持ち込める）、③メタファーとして発想（インスピレーションを得て新しい発想が得られる）となる。後者になればなるほど、抽象化のレベルが高くなり、基本原理を意識する必要がある。本書で示されているロジックを参考にしながら、遠い世界の「お手本」との距離を詰めてほしい。

引用・参照文献

＊1　オーデッド・シェンカー『コピーキャット―模倣者こそがイノベーションを起こす』（井上達彦監訳・遠藤真美訳）、東洋経済新報社
＊2　シドニー・フィンケルシュタイン『名経営者が、なぜ失敗するのか？』（橋口寛監訳・酒井泰介訳）、日経BP社
＊3　沼上幹『経営戦略の思考法』、日本経済新聞出版社
＊4　P・F・ドラッカー『ドラッカー名著集2　現代の経営［上］』（上田惇生訳）、ダイヤモンド社
＊5　P・F・ドラッカー『マネジメント〔エッセンシャル版〕―基本と原則』（上田惇生訳）、ダイヤモンド社
＊6　ジム・コリンズ、ジェリー・ポラス『ビジョナリーカンパニー―時代を超える生存の原則』（山岡洋一訳）、日経BP社
＊7　クリス・アンダーソン『フリー〈無料〉からお金を生みだす新戦略』（小林弘人監修・解説、高橋則明訳）、NHK出版
＊8　W・チャン・キム、レネ・モボルニュ『〔新版〕ブルー・オーシャン戦略―競争のない世界を創造する』（入山章栄監訳、有賀裕子訳）、ダイヤモンド社
＊9　アルフレッド・D・チャンドラーJr『組織は戦略に従う』（有賀裕子訳）、ダイヤモンド社
＊10　H・イゴール・アンゾフ『アンゾフ戦略経営論〈新訳〉』（中村元一監訳、田中英之・青木孝一・崔大龍訳）、中央経済社
＊11　スティーブン・P・ロビンス著『〈新版〉組織行動のマネジメント―入門から実践へ』（高木晴夫訳）、ダイヤモンド社
＊12　近藤宣之『ありえないレベルで人を大切にしたら23年連続黒字になった仕組み』、ダイヤモンド社
＊13　「本業消失」『週刊東洋経済』2014年4月19日号、東洋経済新報社
＊14　ヘンリー・チェスブロウ、ウィム・ヴァンハーベク、ジョエル・ウェスト『オープンイノベーション―組織を越えたネットワークが成長を加速する』（PRTM監修、長尾高弘訳）、英治出版

［著者］
村上幸一（むらかみ・こういち）
タナベ経営 ビジネスモデルイノベーションコンサルティングチームリーダー

VCの投資先ベンチャー企業において、マーケティング戦略構築やフィージビリティースタディー（事業化調査）などを経験。日系ベンチャーの海外進出から米国大学発ベンチャーの日本市場参入までグローバルな実績を有する。タナベ経営入社後もその豊富な経験をもとに、マーケティングを軸とした経営戦略の立案、ビジネスモデルの再設計、組織風土改革など、多岐にわたって企業の成長と変革を支援。規模や業種特性に応じた柔軟なコンサルティングスタイルで、上場企業から中堅・中小企業まで幅広い多数のクライアントをサポートしている。中小企業診断士。

［編者］
タナベ経営 ビジネスモデルイノベーションコンサルティングチーム
大手コンサルティングファーム・タナベ経営の全国主要都市10拠点において、異分野のノウハウを取り入れた革新的なビジネスモデルのデザインを推進するコンサルティングチーム。ファーストコールカンパニーを目指す経営者の事業戦略から組織戦略、経営システム構築、人材育成まで幅広く手掛け、多くの実績を上げている。「ビジネスモデルイノベーション研究会」を主宰。協力メンバー：遠藤俊一、藤井健太、森川和樹

ファーストコールカンパニーシリーズ
ザ・ビジネスモデルイノベーション——成功企業にみる事業革新の流儀

2017年11月22日　第1刷発行

著　者——村上幸一
編　者——タナベ経営 ビジネスモデルイノベーション
コンサルティングチーム
発行所——ダイヤモンド社
〒150-8409　東京都渋谷区神宮前6-12-17
http://www.diamond.co.jp/
電話／03･5778･7235（編集）　03･5778･7240（販売）
装丁————斉藤よしのぶ
編集協力——安藤柾樹（クロスロード）
製作進行——ダイヤモンド・グラフィック社
DTP　———インタラクティブ
印刷————信毎書籍印刷（本文）・慶昌堂印刷（カバー）
製本————本間製本
編集担当——寺田文一

ISBN 978-4-478-06932-5